介護現場スタッフからのメッセージ

人生100年

自由に自分らしく生きる。

老人ホーム りんご学園
会長 塚田俊明

目次

人生百年時代の到来……1
とにかく！　三つの基本
一、とにかく！　体重の三パーセントの水分を摂る
二、とにかく！　体の血行を良くする
三、とにかく！　楽天的に生きる
介護現場スタッフからのメッセージ……23
人生百年――何が幸せか……185
人は百四十四歳まで生きられる
自由に生きる
自分の人生は自分でつくる
悔いのない人生
自分らしく生きる人生
あとがき……198

人生百年時代の
到来

かつて江戸時代は、人生五十年といわれ二百年の時を過ぎ人生百年時代となり、統計では二〇〇七年生まれの子供たちの二人に一人は百七歳まで生きるといわれています。ここ数十年で、日本人の寿命は飛躍的に延びています。医学の進歩、食生活を中心とした生活様式の変化など、さまざまな理由がありますが、大切なのは健康で長寿です。

りんご学園でも多くの方々の介護をさせていただいていますが、介護を受けたくて受けている方はいません。人は人生を全うするまで自分のことは自分でできるほうがいいに決まっています。しかし、寿命が延びればその分、介護を受けなければならない確率は高くなります。介護保険、医療費、年金、社会福祉費などの増大は国としても大きな負担であることも確かです。これらの問題を解決するためにも、私たちは人生を全うするまで自立し健康で長寿が一番幸せなのですから、そのためにどうしたら良いかを考える必要があります。

また、今は大きく転換してゆく時代でもあります。ＡＩやさまざまなロボット、車の自動運転、パソコン、タブレットなどの更なる進化、今まであった職業・職種の衰退、まったく新たな職種の誕生や経済の更なるグローバル化、富と貧困の格差増大など、自分を見失わず、これらの中で自分らしく生き、自立した人生を全うする強い心と体が必要な時代です。

とにかく！　三つの基本

最近の情報過多社会では、○○が体にいいとか、○○を毎日摂ることが必要とか、テレビでも新聞広告でも大流行です。確かに成分的には体のどこかには良くても、軽トラック一台分くらい摂取しなければ効果のないものや、○○を食べ続ければ良いなど、本来楽しくなければならないはずの食事が健康のための修行の場となってしまう本末転倒なこともあります。何よりも、お金がかかることは、なかなか続きませんし、いつかはやめることになります。

健康で長生き、そして自分らしく生き抜くためには、お金もかからず自分のペースでずっと続けられるのが「とにかく！　三つの基本」です。

一、とにかく！　体重の三パーセントの水分を摂る

二、とにかく！　体の血行を良くする

三、とにかく！　楽天的に生きる

この三つの基本を毎日習慣化することです。誰かに頼むこともなく、お金もかかることもなく、いつでも、どこでもできます。そして、大切なことは若い時から習慣づけることです。何ごとも基本が大切です。基本に始まり基本に終わるという言葉もあります。人体の構造は、人によってそう大きく変わるものではありませんから、ぜひ実践してみてください。

一、とにかく！　体重の三パーセントの水分を摂る

水分の補給は、健康維持のためにとても大切です。また最近では認知症の予防・改善にも良いという研究結果もあります。こまめな水分補給を習慣づけましょう。一日どのくらいの水分を補給したらいいのかということですが、自分の体重の三パーセントが目安です。体重が五十キログラムの人は、一・五リットル、六十キログラムの人は一・八リットル、七十キログラムの人は二・一リットルとなります。水分補給といっても水ばかりではなく、自分の好みのお茶、コーヒー、紅茶などを一日何回か、定期的に飲む習慣をつけると良いと思います。

認知症の予防・改善に大きな効果がある水分補給は、健康維持のための基本中の基本です。一年を通じて、自分の基本量を摂取するよう工夫してみてください。日本は、水道の蛇口をひねれば、安心して飲める水が出る国です。とにかく！　水分の補給です。

二、とにかく！　体の血行を良くする

水分の補給と体の血行を良くするのはセットです。水分補給—血行を良くする—水分補給—血行を良くする、これを繰り返す体づくりをします。血行を良くするには、適度な運動やウォーキング、入浴やシャワーなどが、毎日でも手軽にできることです。時々、肩・首・腰を回す、屈伸運動、手を開いたり閉じたりだけでも血行は良くなります。

草花や農作物でも、十分な水分と太陽の日差しを浴びると良く育ちます。水をやることなく、ずっと日陰では枯れてしまいます。毎日、当たり前に習慣づけることです。水と血行は、お金のかからない万能薬です。

三、とにかく！　楽天的に生きる

三つの「とにかく！」の中で、この「楽天的に生きる」これが一番難しいかもしれません。一、二は毎日の生活の中で習慣づければ良いのですが、楽天的にとは頭の考え方と心の想い方ですから、少し頭と心の整理が必要になります。

人は不安や心配を感じると、さまざまな行動をしたり、眠れなかったり、時には心の病にかかってしまうこともあります。自分の身の回りのことや世の中で起こることは、心配しても始まらないことや、自分ではどうしようもないこと、とりあえず何とかしなければならないことなどさまざまです。すべて放っておいて「何とかなるさ」というわけにもいきません。

良いことと悪いこと、楽しいことと嫌なことが、繰り返されるのが人生ですから、人には喜怒哀楽を感じる心と頭があるわけです。それを無理に抑えようとするとストレスになりますし、かといって喜怒哀楽のままに生きるのも疲れてしまいます。楽天的に生きることとは、こうした人生で起こるさまざまな喜怒哀楽と上手に付き合い、生きてゆくことです。

①　頭の力を抜く

②　何もしないボーとする時間をつくる
③　嫌なことはやらない、無理しない
④　楽しいことを楽しむ
⑤　やってみたいことは、やってみる
⑥　何ごとも嫌になるまでやらない
⑦　三日に一日は財布は開かない
⑧　良いこと、正しいことだけやる
⑨　あきらめる心ももつ
⑩　自然と仲良くする

①　頭の力を抜く

スポーツをする時、肩に力が入ったままプレーをしても、スムーズな動きがとれず、うまくいきません。歌を唄ったり、人前で話したりする時も同じです。人は毎日の生活の中で学校の門をくぐったり、会社の玄関に入ると妙な緊張感を感じたり、スポーツ選手が会場に入った時、多くの人前に立ったりなどの時も同じようにピリッと緊張感を感じます。そこで大切なのは、フッと頭の力を抜くことです。

普段の生活の中でも、フッと頭の力を抜くことで、いろいろなことが変わってきます。頭に力が入っていると疲れます。疲れた頭で何か考えても良い方向にはゆきません。頭の力を抜くのに、頭や首を振ったりする必要はありません。フッと頭の力を抜こうと思えば数秒で抜けます。頭の力を抜くことで、物事が主観的ではなく見えてきます。

人生百年時代、江戸時代のおよそ倍を生きるわけですから、頭の力を抜いて生きる知恵が必要だと思います。昔に比べたら文明の力で日々の生活はずいぶん楽になっています。一里、二里を歩いたのも、今は車や電車などであっという間ですし、手紙で伝達していたのも電話やメールで瞬時に済むようになりました。無駄な時間はどんどん省けて、倍の年数を生きるわけですから、上手に頭の力を抜く時間をつくらなければ、頭の使い過ぎということにもなります。認知症の解明はなかなか進んでいませんが、寿命が延びたうえ、このような頭の使い過ぎも認知症の一因だと思います。

人生百年時代、三万六千五百日。成人してからでも三万日。定年してからでも一万三千日もあるわけですから、毎日、頭の力を抜く時間をつくって、自分のために時間を使い、自分らしく生きることが、楽天的に生きることにつながってゆくと思います。

②　何もしないボーとする時間をつくる

頭の力を抜くことができたら、毎日一度は何もせず、ボーとする時間をつくることです。お茶やコーヒーを飲みながらでも、音楽を聴きながらでも、外の景色を眺めながらでも、何もせず、ただボーとする時間をつくりましょう。自然の緑や空でも眺めながら、ボーとできれば最高のボータイムです。

ボータイムは睡眠に近いものがあります。人が心を無にすることは、とても難しく、ボーとして何も考えていないようでも、きっと何か考えたり、思い浮かべたりしてしまいます。寝ている時の夢のようなものかもしれません。

犬や猫も伏せて、目を開け一点を見てボーとしている時があります。犬や猫が何を考えているんだろうと思いますが、自然にやっています。我々人間は、自然にボーとしていたなどということはありませんし、もし自分で気がつかないうちにボーとしていた、などということがあったら、それは相当にお疲れということです。ここでいうボータイムは、日々計画的にボータイムをつくることが大切ということです。

修行僧にでもならない限り、人の心も頭も何も考えない、思わない、無にはなれないので、何か考え、何か思ってしまいます。さて今日は、何を考えてしまうかな、何を思ってしまうかな、などとワクワクしながらボータイムに臨むのもいいかもしれません。

長い人生、意味のないことをすることも、する時間も必要です。次から次と何かのため、やらなきゃ、しなくては、の連続では疲れ果ててしまいます。休むのは寝る時だけではなく、ボータイムでいつでも、どこでも睡眠と同じような時間ができます。計画的に、自分のペースで、自分に合った形でやってみてください。

③ 嫌なことはやらない、無理しない

他人に向かって、私は嫌なことはやらない、などと宣言すると、何て自分勝手な人だろうとか、気の強い人だとか、嫌な人だとか思われがちです。世の中は、他人が嫌がることをやる人はいい人、人間ができた人と思われているようなところもあります。嫌なことでも仕方なくやったり、嫌だと思ってやっている仕事でも、生活のため、お金のためと自らに言い聞かせて毎日仕事をしていることもあるでしょう。

周りから見れば羨むようなことでも、本人にとっては嫌だなと思っていたり、その逆もあります。嫌なことをやっていると、ストレスも溜りますし、疲れます。生きてゆくため

にどうしてもやらなければならない嫌なことなど、そう多くはありません。生きてゆくためにどうしてもやらなければならないことは、嫌なことではなく、必要なことです。嫌なことをやって乗り越えれば、その先に努力の結果が表れるような幻想を抱く人もいるかもしれませんが、どうせ努力するなら、自分のやりたいこと、好きなことに努力したほうが、間違いなく良い結果が出ますし、達成感もあります。嫌なことはやらない、と考えることで、自分が今やりたいことは何かが、はっきり見えてきます。周りに流されて、嫌だなあと思っていることも、渋々やることともおさらばすることです。

嫌なことはやらないと、声を大にして言うことではなく、そっと、いつも心の中で思っていることです。そして、自分のやりたいこと、好きなことでも決して無理をしてまでやらないことです。嫌になるまでやらないことです。何ごとも乗り越えた先に何か良いことが見えている時の努力は、苦労とか大変とか感じないはずです。

そして、他人に対しても嫌だなとその人が感じるようなこともやらないことです。必ず自分に嫌なこととして返ってきます。他人に対してする嫌なことも、嫌なことなのです。人生を楽天的に生きるために、自ら嫌なことに近づいてゆくことはありません。

④　楽しいことを楽しむ

一見当たり前のようですが、楽しいことをする時は、ゆっくり、じっくり、心から楽しむということです。たとえば、休日の朝食をゆっくりと楽しもうと決めます。前日までに特に何というメニューを決めることなく、好きな物を買い揃えます。朝はゆっくりと起きてから、コーヒーでも飲みながら、買い揃えた材料で何を作ろうか、考えます。とりあえず作って食べ始めます。食べている途中で、あれも食べたいなと思ったら、ひとまず食事は中断、料理に入ります。でき上がったら、また食事を再開。違う飲み物が欲しいと思ったら、また作って戻って再開と、ゆっくり一時間ほどかけて楽しむ休日の朝食。

こんなふうにすると、特別なことでなくても、日常の生活の中で楽しめることはいくらでもあります。ポイントは、休日の朝食を楽しもうと決めることです。そう決めることで前日までの買い物も楽しめます。休日の楽しい朝食一時間のために何日も楽しめます。

人生、嫌なこと困ったことは突然起きますが、楽しいことはなかなか突然起きてはくれません。考えて、準備して、行動して、ようやく楽しいことができます。人生を楽しむには、準備が必要ということです。そして、その準備をしている間も楽しむことで更に楽しむことができます。

人生は、楽しむためにあったほうがいいに決まっています。辛い人生を送ろうなどと思って生まれてくる人などいるはずがありません。人生を楽しむには、休日の朝食を楽しもうと決めたように、実はどんなことでも楽しめるのです。休日の朝、寝ていたほうがいいと思うか、有る物を食べればいいと思うか、休日の朝食をゆっくり楽しもうと思うかの違いです。あるがままに任せていたのでは、楽しい人生は幻に終わってしまいます。毎日の生活、身の回りに人生を楽しむ材料はいくらでもあります。

⑤　やってみたいことは、やってみる

あの時、ああしていれば、私の人生は大きく変っていたかもしれない。よく聞く話ですが、果たしてどうでしょう。やっていないのですから真相は闇の中です。やっていないことに結果はないわけですから、そう思うことそのものがマイナスです。

何かをするには、決断、勇気、準備が必要です。用意周到、万全を期してもうまくいかないことのほうが多いものです。それでも、どうしてもやってみたいことがある時は、まずザックリとやってみることです。やらずに後悔するより、まずザックリとやってみて様

子を見ることです。何ごとも最初からうまくゆくことなど、そうあるわけではありません。

しかし、やってみたいことに挑戦してみることには、大きな意義があります。自分ができそうだと思うことをやってみるところに、人の成長や人生の楽しみがあるのですから、やりたいことはやってみることです。やってみたいことの大小もありますが、大切なのは、バランス感覚です。気持ちや、やる気だけでうまくゆくことはありませんから、現実もよく考えたうえでのバランス感覚が大切です。

最近は、やりたいこと、やってみたいことなど特になし、という人がとても多くなっています。満ち足りているのか、諦めているのか、分かりませんが、何かひとつくらいあるでしょうと、言いたくなります。余計なお世話ですと言われそうですが、やりたいこと、やってみたいことがあることは、生きる活力になると思います。そういっても、やりたいことなど何もないと、悟りを開いてしまったなら仕方ありませんが、人はいくつになっても、あれをやってみたいなと、活力と夢をもっていたほうが、人間らしく魅力的だと思います。

⑥ 何ごとも嫌になるまでやらない

最近､心の病を抱えている人が多いようです。年齢に関係なく増えています。その結果、自殺をしたり事件を起こしたりということも多くなっています。何か嫌なことがあるからです。嫌なことは､誰にとっても嫌です。原因はさまざまですから一概にはいえませんが、人は、苦しむために生まれてきたのではないことは確かです。一人ひとりが、自分らしく人生を楽しむために生まれてきたのも確かです。人生も、世の中で起こることも、いったん悪くなってから元に戻すのも、いい方向に変えるのも容易ではありません。そうなる前の、その前が大切です。

物事は、悪くなってからいろいろ考えてもいい方法も、いい考えも浮かばないものです。逆に、いい時に考えたこと、知恵には、力がありますからいい方向にゆきます。いい時にこそ次のこと、後のことを考えてゆくことが大切です。

世の中というのは、冷たいものです。悪くなると、周りの人も離れてゆき、お金や財産、運までもが離れてゆきます。そのうえ､やる気や生きる気力まで失ってしまいます。いい時、何もない時にこそ、次のこと、後のことを考えることです。今は充分に満足しているのなら、更に良くなることを考えることが大切ですし、ちょっと嫌だなと考えていたら、気持ちに余裕のあるうちに考えてみることです。本当に嫌だなと思ったら、体力・気力のあるうちに、ほかの道に進むべきです。

世の中は冷たいものですが、生きる場所や環境を変えると冷たさは感じないものです。世の中は広いものです。今の自分の知識や考えで判断できることなど、ごく僅かです。人はどんな状況でも、いくつになっても、未来はあるものです。

⑦　三日に一日は財布は開かない

これは節約にもつながりますが、目的はそれだけではありません。社会は成人してからこの世を去るまで、毎日、毎日、出費が続きます。自ら財布を開いての出費でなくても、税金、保険料、電気代、水道代といった公共料金、テレビ、新聞などの料金、子供がいれば養育費、教育費、介護が必要な親や配偶者がいれば、介護費用や医療費など、自分がこの世に存在する限り、自分の財布以外からずっと出費が続きます。これらの出費には休みはありません。寝ても起きても出費は待ったなしで続いています。恐ろしいことです。この世を去るまで、日割り計算されてでも、出費は続くのです。この世に自分が存在する限り、自分の意志に関係なくです。人間一人ひとりが動く、働くＡＴＭのようです。

そこで、ささやかな抵抗として、三日に一日は、何が何でも財布は開きません。三日に一日静かに暮らすことになります。お金のかかる所への外出もありませんし、仕事が休みの日と重なると、半ひきこもりのような一日となります。世の中と決別したような気持ちになることもありますが、続けていると結構楽しむこともできます。一日が終わると、妙な達成感もあります。

三日に一日ですから、一か月で十日、一年で百二十日もお金を使わないわけですから、さぞかしお金が貯まって、と思いきやそんなにはうまくいかないのがお金というものですが、何か楽しくて止められません。

自分ひとりが一日に使うお金など知れています。世の中に何の影響もあるわけでもなく、ただ単にささやかな抵抗で、何の意味があるわけではありませんが、意味のないことをすること、楽しむことも人生を楽しむことにつながると思います。人生百年時代、長く生きるわけですから、いろいろ寄り道しながら、意味のないことを楽しむことも大切だと思います。

⑧ 良いこと、正しいことだけやる

人生が長くなると、いろいろな物事に直面したり、巻き込まれたりする数も多くなります。自分自身で判断したり、行動したりする数が、人生長くなった分だけ多くなるということになります。ついうっかり、いい加減なことや、あまり考えずにやったことが面倒なことになったり、嫌なことになったりということが多々あります。人生長くなった分、これも要注意です。長生きして判断能力が低下してくるとなおさらです。

良いこと、正しいことだけしましょう、というと難しいように聞こえますが、人がよくやってしまうことに、良いことではないがとか、悪いことではないが、というのが多くあります。これがいけません。決定的に悪いことではないが、このくらいならとか、良いことではないが仕方ないか、といった類のことです。実は、身の回り、世の中で起きているほとんどのことは、これが原因です。人が起こす問題や世の中の事件、事故の原因のほとんどが、ここにあります。

世の中、そう簡単に白黒つけられるものではありません。今は悪いといわれることも、昔は良かったり、その逆もあったり、いいと言う人もいれば、いけないと言う人もいたり、日本ではよくても、外国ではだめだったりということが、たくさんあります。

絶対にこうだということは、実はそんなに多くなく、かなり曖昧な要素で、世の中は成り立っています。絶対に正しい、絶対に良いということは、そうは多くないですが、何とか見つけ出し、良いこと、正しいことに関わって人生を過ごすことです。曖昧な事柄には関わらない、やらないことです。

人生百年時代、長くなったとはいえ、わざわざ無駄な時間を過ごすことはありません。良いこと、正しいことには、自分だけでなく周りの人も幸せにする力があります。

⑨　あきらめる心ももつ

人生長くなると、やることの数も多くなります。あきらめずに成し遂げる時間も多くなったわけですから、あきらめずに物事に向き合うことが大切です。ここでの、あきらめる心というのは、生きる時間が長くなったわけですから、いろいろなことを経験したほうが、より充実した楽しい人生になります。しかし、時代の変化はますます速くなってきていきます。昨日まで新しかったものが、今日には古くなります。昨日まで良かったことが、今日からだめということになります。新しいものは、必ず古くなる、の理論です。そんな中で生きてゆかなければならないわけですから、あまり、ひとつのことに固持することなく、あきらめる心ももつということです。もちろん人生の中では、あきらめることなど到底できないこともあります。それは、とことんやり抜くことです。

次々と新しいものや、新しいことが起こる時代に生きるわけですから、あまりこだわっていてはだめということが、多くあります。昔は良かったと懐かしんでばかりではなく、新しいことに挑み、楽しむことが大切です。その中で、自分には向いていないとか、そこまではしなくていいとかの判断をしてゆかないと、この時代の変化にはついていけません。ここに、あきらめる心が必要になります。笑いながら、きっぱりと、あきらめる心ももつことです。

人はどこかに、あきらめることは、悪いことだと思う心があります。しかし、あきらめることで次にゆけることも事実です。無理をせず上手にあきらめることも、長い人生をより楽しむための知恵です。

人は自分の考えをしっかりもっているようでも、ついつい世の中の動きに流されてしまうところがあります。あきらめる心ももつことで、自分らしい人生を送ることもできます。

⑩　自然と仲良くする

自然派の人でなくても、人間は自然とは仲良くしていたほうがいいようです。最近の生活は、土の上に足を置くことも、土の上を歩くこともありません。家庭菜園や山歩き、農業でもしない限り、土を踏むことすらありません。人間は、この世を去ると土に戻されます。最近は海洋や、将来は宇宙に、ということもあるかもしれませんが、いずれも自然に戻されます。

遠い、遠い昔、人間は自然から生まれてきましたが、最近は、ずいぶん自然から遠いところで生活しています。しかし、時折、地震や台風、猛暑など、自然の猛威の中で生活していることを実感します。自然には勝てないことを実感します。自然派の人の中には、山に入り、地面に寝ころび、体に樹の葉を布団のように掛け、顔だけ出して、自ら自然の一部になるという儀式のようなことをする人たちがいます。思わず笑ってしまうような滑稽な行動ですが、彼らは真剣です。そこから何を感じ、どうなったのかは聞いたこともありませんが、自然と共にというか、自然に戻るというか、自然と仲良くとか、と思います。

今までの職を辞めての田舎暮らしも多くなっています。ＩＴ関係の仕事をしていた人も多いようです。コンクリートジャングルからの脱出でしょうか。新宿の高層ビル群をタクシーに乗っていると、運転手が、こんな狭い所に、こんな高いビルをいくつも造って、壊す時どうするんだ、とつぶやいていました。本当におっしゃるとおりです。自然とは真逆の方向の世界です。新宿にあるお寺には、お墓はありません。納骨堂です。番号を押すとエレベーターでロッカーのようなものが出てきます。ここでは人は自然には戻りません。いつか、自然に街全体が叩き潰されるような、人間の浅はかさを感じます。

山に入り、樹の葉を布団に寝ている人と、新宿の高層ビル群を造っている人と、同じ人間のやっていることですが、どちらが正しいのか、人生百年では見届けることはできそうにありません。

介護現場スタッフからのメッセージ

りんご学園では、毎月スタッフからマンスリーレポートが提出されます。テーマは自由で、介護の仕事のこと、メンバーさん（入居者）のこと、家庭のこと、自分のことなどその月にあったこと、感じたことなど、自由に書いて提出しています。

閉鎖的になりがちな介護施設ですが、りんご学園では毎年夏に大きな会場に五百人くらいのお客様を招待して、夏祭りを開催して交流を深めています。一般の方々にも介護の現場を知っていただきたいですし、交流の輪を広げることで、介護への理解も深まると思います。

介護の現場で働いているスタッフってどんな人たちで、どんな考えで、どんな仕事をしているのかも、あまり知られていません。

ここでは、りんご学園で、どんな人たちが、どんなことをしているのか、スタッフの実際のマンスリーレポートを通して、ちょっと覗いてみましょう。

二〇一五年八月

りんご学園はとっても賑やか！

吉池　満理

今年の夏は、雨も少なくいつもより暑い夏に感じます。台風の威力が強く回数が多かったせいか、太平洋高気圧、チベット高気圧が二重となり熱い空気がこもってしまい、毎日暑い日が続いているようです。地球温暖化が進んでいるからでしょうか？　年を重ねるにつれ、異常気象や猛暑が続き未来のことが不安になります。ゴミの分別など自分でできる身近なことから続けてやっていこうと思います。微々たる力ではありますが……。

最近のりんご学園は、お元気なメンバーさんが増え、にぎやかな雰囲気に包まれています。Oさんですが、毎日身支度を整えられカラオケ教室にも通われています。時々、上山田温泉のつるの湯にも入浴に行かれ、認知もなくとてもお元気に過ごされています。レクリエーションでの歌の時間は、とても良い声で歌われ、歌っている時は表情がとてもイキイキとされていて、りんご学園での生活を楽しまれています。九月は、七十七歳の誕生日を迎えられるので、みんなでお祝いをし喜んでいただきたいです。

Kさんは、腰の症状が思わしくなく入園されました。入園された当初は、トイレまで自力で行くことができず、車イスで誘導していましたが、調子の良い時はゆっくり歩行練習もされ、とても頑張っていらっしゃいます。無理はしないように声かけはしていますが、自力でトイレに行かれるようになりました。転倒などないように、しっかり見守りをしていきたいと思います。体の調子が良くない時、「自分はもうダメなんだ」という気持ちが先走り、「もう何もしたくない」という気持ちになってしまいがちですが、腰が痛くてとても辛くても立ち上がって少しでも自分でできることをやろうとする気持ちが伝わり、もし自分が同じような立場になった時……と考えると、とても勇気づけられます。いろいろなメンバーさんを通して、一日一日とても勉強になりますね。Yさんは、トイレの場所やご自分の居室が分からなくなってしまいますが、温かく見守り、誘導させていただきたいと思います。元気なメンバーさん同士、お互いの居室を行き交い談話され、とてもにぎやかな雰囲気が広がっています。

二〇一五年九月

研修に参加して

吉池　満理

猛暑が過ぎ去ったかと思えば、九月に入り連日雨が降り続いたところもあり、残暑はあまり感じられない涼しい九月となりました。東北、北関東方面では、台風後の大雨が続き鬼怒川の堤防が決壊し浸水などの大変な被害となりました。災害は、いつ襲ってくるか分からず不安です。心構えをし対応していきたいです。

最近は、介護研修、セミナーに参加する機会が増えてきました。先日、S総合病院の地域セミナーに参加しました。「脳卒中患者の離床・姿勢ケア・移乗」に関する内容でした。りんご学園にも、寝たきりの方で徐々に身体の拘縮が強くなってきている方がいらっしゃいます。そういう方のケアで大事なことですが、筋緊張を緩和する、支持基底面を広くとる……などで、クッションの入れ方や拘縮予防に関することを勉強させていただきました。最新のケアはやはり進歩していますね。今まで良いとされてきたやり方が意味がなかったり……でした。

九月の全体会議では身体拘束・高齢者虐待に対する考え方を勉強させていただきました。テレビのニュースでも、ひどいことが取り上げられています。高齢者虐待の実態・対策・防止策・背景・教育の実施等、みんなで話し合いをしています。決してあってはならないことで、真剣に考えたい問題です。

十月は、オムツ交換に関するセミナーに参加してきたいと思います。これから先も介護の仕事に就きたいと思うし、介護福祉の資格も目指していきたいと思っているので、りんご学園でのいろいろな経験を生かしていきたいです。

九月は敬老の日もあり、メンバーさんはお寿司を召し上がったり、牧美花先生のバイオリンコンサートも開催されました。久しぶりなので、今のメンバーさんは初めてという方が多いようでした。「生演奏が良かった」「知っている曲ばかり」「音楽はやっぱり良いね」と、とても喜ばれていました。芸術の秋ですね……。

生きがい

二〇一五年十月

吉池　満理

道端の街路樹も少しずつ色づき始めています。昼間は過ごしやすいですが、朝晩の冷え込みが強く風邪などひかないよう気をつけたいですね。朝は布団から出たくない季節がやってきました。

十月に入り天気の良い日は、時々玄関から外へ日向ぼっこされたりと、メンバーさん、特変なくお元気に過ごされています。先日Kさんのお友だちの方二人がいらっしゃり、食堂にてメンバーさん、スタッフが集まりマジックショーを披露してくださいました。「すいせんマジックサークル」というチーム名で、ボランティアで老人ホームなどを回られ、マジックショーを開催されているようです。お二人とも八十歳を超えられているようでしたが四十五分ほどいろいろなマジックを見せてくださいました。とてもシンプルな内容のものばかりでしたが、マジックショー自体あまり見たことがなく、目の前でということも初めてだったので「おぉ！」という感じでびっくりの連続でした。ですが、逆にシンプルな手品だから、メンバーさんにもとても分かりやすく盛り上がったのかもしれません。最後のほうはお二人とも息を切らし、汗を流しながら披露してくださいました。ＢＧＭも盛り上がり、最後にメンバーさんも一緒にみんなでできる簡単な輪ゴムを使ったマジックも全員でやりました。手、指の体操にもなるとのことでした。年をとっても打ち込めるものがあったり、趣味があることってとても素敵なことだと思います。簡単なようでなかなかできることではないな……と思いました。人に喜んでもらうということに生きがいを感じているようでした。

今月のマンスリーレポートのテーマ「何を生きがいに生きていますか?」ということですが、自分は「ありがとう」と人に言われることに生きがいを感じます。特に、介護のお仕事はメンバーさんやご家族に「ありがとう」と言われることが多いです。メンバーさんやご家族以外でも一緒に働くスタッフからも「ありがとう」と言われることで「良かった」とか「嬉しい」という思いでいっぱいになり、生きがいを感じます。なので、この先仕事をしていく上で「ありがとう」という言葉が聞けるような仕事に就きたいと思っています。今まで工場での製造業、販売員と、人からあまり「ありがとう」と言われるような仕事をしたことがなく、介護の仕事をして初めて毎日のように言われるようになり気付きました。りんご学園でのお仕事は、あと一～二か月となりましたが、たくさん「ありがとう」という言葉を言ってもらえるように、何の悔いもなく頑張りたいと思います。

東京に行ってからの新生活では、しばらくは旦那さんとの二人の生活になるので「ありがとう」と毎日言ってもらえるような生活を送りたいと思います。あと一～二か月となると寂しいものですね……。いろいろな思いが込み上げてきます。残りの時間を楽しみながら頑張りたいと思います。

二〇一五年十一月

自分のことは自分で決める！

塚田　まさ子

りんご学園にいるとメンバーさんの日々の変化には驚かされることばかりです。そんな時、自分の老後はどうなっているのかと考える日が多くなってきています。私の老後もですが、老夫婦となった私たちはどうしているのだろうかと。人間ひとりでは生きていくことはできません。少なからずまわりの人たちのサポートがあってのことです。良い関係を築いていくことが大切と思いますが、病気、・認知症、お金のことがからんでくると大変になってきます。サポートしてくれる人たちはいるのだろうか……なんて考えていました。今できることを一生懸命していけば、なんとかなるのかなあ。世の中にお返ししていくことが一番だと思います。

十一月二十七日、玄関チャイムがなったのでドアを開けると、杖を持った二人の老婦人が立っていました。「ここが一番あったかいから、友だちを連れて来たの。お母さんは部屋にトイレがついたところがいいと言うけど、私はここがいいのね。もう一度見せて」と言われ、二十五日にお嫁さんと一緒に入園見学に来園されたTさん（八十八歳）でした。もう一度自分で確認しようと、お母さんには内緒で病院の帰りに寄ったとのことでした。二階のロッカールームの前の居室に案内し、トイレのある部屋はうまっていること、部屋の前に二か所トイレがあるのでリハビリがてら歩行して行きましょう、ポータブルトイレはベッドの横に設置しておけば安心等、とまることなくお話しました。

前回の時は、自分は変わっているし、今まで部屋からあまり出ることはないし、なんでも自分でやってきたとお話されていました。たよりの息子さんを早くに亡くしてから、人に甘えることなく淋しくされてきたように感じました。りんご学園に入園されると、今までとはまた違った人間関係ができ、りんごの大きな家族になれると思います。お嫁さんはTさんが自分で決めた施設に入ってくれることを希望されています。養女となっていますが、現在、別家族をもたれ必要な時のみサポートされています。Tさんは、りんご学園に来たいと決められたようなので、お母さんにしっかりお話してくださいとお願いし、帰っていただいています。

三十日夕方、お嫁さんが来園され、十二月八日に二人で来るということになっています。

認知症がないから現在の施設には残ることができないので、認知症になりたいと言っていたTさんですが、りんご学園に入園するという前向きな気持ちとともに、どのように変わっていくのか最後まで見届けたいと思いました。

「自己決定をする」というのは介護ではどこかにいってしまいそうなことです。どんな小さなことでも「自己決定をする」ことにつなげていくことが、生きる気力となると感じました。

残りわずか！

二〇一五年十一月

吉池　満理

りんご学園でのお仕事は、残りわずかとなってきました。三年前の七月一日に入社させていただき、当初は未経験でお年寄りともあまり接したことがない私が、介護の仕事は勤まるだろうか……不安な気持ちでいっぱいでした。面接の時は、厳しそうなスタッフさんばかりだな……キツイことを言われたら、すぐ辞めてしまうかもしれない、とマイナス思考になっていました。実際、働き始めると良い意味での厳しさがあり、ダメな時はとてもはっきり、分かりやすく注意してくれ、上手くいった時は「うまいもんだ」と褒めてくれるような、白黒はっきりしているとても分かりやすい、働きやすい職場で、徐々に不安は消えていきました。ここまで、介護の仕事を続けてこられたのも、いつも明るい雰囲気で、時に厳しく、時に優しいスタッフの皆さんのお蔭だと、心から感謝の気持ちでいっぱいです。

最初は何も分からなかった私ですが、先輩方に介護の知識を教わり、そして一緒に勉強していくことができ、たくさんの経験を積むことができました。ここまで続けてこられたのも、まわりの方々との良い関係があったからだと思います。いつも明るく楽しい雰囲気を作ってくださり本当にありがとうございました。

そして、忘れてはいけないのが、りんご学園に入居されているメンバーさんです。介護の仕事をする前に、研修でデイサービスや特養に行った際、対応に難しい、気の難しい方ばかりで、実際働き始めたら気持ちが折れてしまうかもしれないと不安でしたが、りんご学園に入居されるメンバーさんは、本当に良い方たちばかりで話していても楽しくユーモアのある方ばかりです。「体に気をつけて」とか「早くいい人見つけて結婚しろよ」などいつも声をかけてくださいます。そんなメンバーさんたちとのお別れはとても寂しいものです。残りわずかな時間、メンバーさんと楽しく過ごしていきたいです。

渋谷育ち

二〇一六年四月

新井　理恵

「毎日、ハチ公の頭をなでて、学校へ行ったものよ」メンバーさんと出かけた春のお出かけ。帰り道の車の中でIさんが教えてくれました。

「Iさんは、都会っ子なんですよね」なんて、とてもささいな会話でした。台東区で生まれて、渋谷育ち。東京での戦争も経験し、何もなくなってしまった東京の風景も知っているIさん。戦争を知らない私には「渋谷はいつもにぎやかで、ハチ公口にはハチ公像がいる。待ち合わせにはハチ公前かモヤイ像前が有名な場所」というように、ハチ公は有名な銅像ぐらいにしか思っていませんでした。

忠犬ハチ公は、亡くなった大学教授・上野英三郎さんの帰りを渋谷駅で約九年の間待ち続けたといいます。秋田犬で名前はハチ。有名な物語ですが、その物語の中にIさんがいたなんて、私はものすごいことを知ってしまいました。白い毛の秋田犬で、いつも渋谷駅の前で先生を待っていたこと、とってもおりこうな子でIさんはいつも頭をなでてあげていたこと、その時の風景が私にも想像できそうなくらい、Ｉさんは丁寧に、懐かしそうにお話してくださいました。そしてＩさんは、先生が亡くなった後も渋谷駅で待つハチ公を見守り、そのハチ公は銅像となって渋谷駅の前に帰ってきました。

今のハチ公は二代目で、一代目は戦時中の金属物資の不足で溶解されてしまったのだそうです。ハチ公の生涯を知っているＩさん。私はＩさんとキセキのようなお話ができました。

「ハチ公も生きていたのよ」と言うＩさんの言葉が忘れられません。

今度渋谷を訪れた時は、いつもと違う風景が見えそうな気がします。

二〇一六年四月

桜

塚田　まさ子

桜の花が散るように、Hさんは天国に旅立って逝かれた。寂しいかぎりです。時々、Hさんの居室を開けてのぞいて、誰もいない……。まだまだベッドにHさんが眠っているようです。

六年前、りんご学園に突然こられた日は、他のメンバーさんと違い、いきなりタクシーで乗りつけて、連れられてきた。病院の帰りに自宅へ帰るつもりが、りんご学園に着いてしまった。息子さんの奥さんのお母さんが「この日しかなかった」と後で話していましたが、マンションの住民、ほかに迷惑をかけていたHさんは、認知症が進んで不穏行動もマックスになっていたので「この日」を決行された。切羽詰まっていた中で、本当にこの日しかなかったのでしょう。家族にはいろいろな理由があるから、本人の意思とは違う方向になってしまうのが運命のように思えます。認知症が進んでいく中で、そのことはどんな思いでいたのか聞いてみたかったです。私たちがHさんの介護をしてもそこが分かりません。

ご家族も、特に息子さんは「あーしてあげたかった。もっとこうしてあげたかった。あーしてあげればよかった」と心残り、やり残したことがたくさんあったでしょう。私もたくさんあります。そう思うことばかりです。

シャワーベッド入浴の毎日は、Hさんにとって本当に心から幸福な時間だったように、とろけそうな表情が忘れられません。

伝える言葉はどこかにいってしまったけど、感謝する気持ち、伝えたい気持ちは言葉なんかなくとも伝えられる、とHさんが教えてくださいました。幸福そうな表情と目をパチパチさせて涙がたまって……息子さんのことも「もういいんだよ、大丈夫だよ」と言っていたのでしょう。私はそう思えます。でも、手をにぎっている間にすーっと天国に逝かれてしまった。桜のように散ってしまった。「力、及ばず」です。いつも思うことは、本当に「力、及ばず」です。家族以外で一番近くにいたひとりとして、もっと何かできたのでは……と今でも時々思います。

プロ意識

二〇一六年五月

新井　理恵

毎日りんご学園にいると、思いがけないことがたくさん起こります。そのほとんどは、思いがけなく楽しいことだったり笑顔になってしまうことですが、思いがけなかった哀しいことも起こります。そういう時に、強く「プロ意識」というか「自分の意識」についてを考えます。

今月のレポート課題が「プロ意識」ということで、自分なりにいろいろと考えました。どうしても難しく考えてしまいますが、「本当はそんなに難しく考えるものではないのでは……？」と感じています。仕事をする上で、「私はこうしている、ああしている」という、その前の段階があると思うからです。意識というのは、自分のものです。まずは自分がしっかりと意識をもたなければ、いくら「私はこうしている、ああしている」といってみても「プロ意識」とつながることはありません。

まずは「考えること」。自分で考えることです。考えて段取りをつける、考えて続ける、考えて発言・行動する、そして時間や約束を守る。自分で考えたことには自信ももてるし、責任も感じます。本当に基本的すぎることです。けれどこの基本的なことができていないと、「プロ意識」という次の段階にはたどりつけません。「考えること」を自分の意識としてしっかりもてるようになれば、他の人の楽しみや悲しみも考えられるようになります。

どんなプロと呼ばれる職種の人たちも、やはりいつも何かを考えています。「考えること」をしている人は、いつも強く感じます。芯があります。言葉にも行動にも重みを感じます。けれど、「考えること」は私にも十分できることです。難しいことは何もありません。

もっともっと毎日いろいろなことを考え続け、芯のある「プロ意識」をもてるようになりたいです。

プロ意識

二〇一六年五月

塚田　まさ子

私は介護のプロです。ヘルパーという職業は、対人関係を基本にしているため接客業であり、サービス業であるという自覚が必要です。どの程度のサービスが必要とされているのか、自分でしっかり考えておかなければならないと思います。接客対応、マナーを磨くということは、要領や技術を身につけるだけでは自己満足な対応になってしまい、不愉快な結果になってしまいます。私は、メンバーさんの気持ちを理解して、メンバーさんや家族に安心感と優しさと思いやりのある介護のプロとして磨きをかけていかなければならないと思います。

意識して行動すること。これが一番大切です。介護の知識や技術を身につけているだけでは不十分。メンバーさんがどのような生活をしてきたのか、何を大切と考えているのか、相手を知るために傾聴などを通して理解することが必要。「自分のことを受け入れてもらいたい」「誰かに認めてもらいたい（自分が役に立っている）」「誰からも大切に、大事にされたい」とメンバーさんが安心して生活するための欲求（人間としても欲求と思います）があり、コミュニケーションによって満たされると思います。そして言葉だけでなく、表情、視線、しぐさなどでも多くのメッセージを伝えてくる。信頼関係を築いた後でなければメンバーさんに受け入れてもらえない。とても時間がかかるが、ヘルパーとメンバーさんが信頼関係で結ばれることにより、介護のストレスを軽くでき、意欲をもって介護していける。業務だけでなく「心のケア」にも目を向けていく。

それは、日々何も考えずに行動するのではなく、さまざまなことを考え尽くし、実行してこそ、介護の真のプロではないでしょうか。プロ意識をもてば仕事に対する取り組む姿勢も前向きになり、周囲からの信頼も増し、更に大切な仕事を任される。この積み重ねがプロを作っていく。プロへの道は、日々の仕事の中にあることを忘れてはならない。そして、プロとしてメンバーさんの小さな願いもさりげなく少しでも叶えてあげたいと感じました。

プロ意識

二〇一六年五月

下村　明子

　プロという言葉からくるイメージは、その道の達人であると思っていましたが、よく考えると何人も何らかの仕事をして収入を得ている。その収入を得る、ということがプロなのだということに気付きました。

　ただ仕事をする側の人間が、自分はプロなのだという自覚をもってやっているのと、収入のためだけという考えでやっているのとは大きな違いがあると思います。

　どんな仕事であれ、自分はこの仕事のプロなのだという自覚をもっていれば自然に自分自身の人間性も高まってくると思います。

　限られた自分の人生の一部にその仕事を選んだのならば、全身全霊でまっとうするのが一番かと思います。

　仕事イコールお金ではなく、自分の情熱を傾けられる、それがプロ意識かとも思います。

また、自分のことだけを考えての仕事ではなく、まわりの人や仲間の人たちなど相手の気持ちも考えたり、分かってあげられる人間性も必要になってくると思います。

自分の選んだ仕事に自信をもち、情熱を傾け幸せを感じる。それがプロ意識かと思います。

二〇一六年五月

プロ意識

岩本　小夜香

先月の全体会議で、会長からのお話にあった「プロ意識」。とても大切なことだと思います。それを自覚しているか、していないかの差……。私は、この「プロ意識」というものを常に頭の隅において仕事をしているつもりです。

介護の道に進み二十年経ちます。間五、六年開いていますが、高校を卒業してなんとなく資格をもちたいというただそれだけで福祉の学校に進み、それからもうすぐ二十年……。

学生の頃、なんとなく始めた介護の勉強でした。でもその中で、なぜ?あなたはこの道を選んだの？　なぜ?あなたは介護の仕事に就こうと思っているの？　と多々問われた日々がありました。その頃の私は分かりませんでした。「ただ……なんとなく……」それが答えでした。

学生の頃、授業でも「プロ意識」について問われた時間がありました。きちんと答えられる生徒はいませんでした。もちろん私も……。でも、その時、社会人から入った友だちが「仕事に誇りを感じて仕事をしているんだ」と言いました。その友だちは近くのファミレスでバイトをしていました。「いらっしゃいませ」とかける声、水を置く場所、メニューの聞き方など、全てのことにお客様を思いやる気持ちを忘れないようにしていると答えていました。このお店で過ごす時間を気持ち良く過ごしてもらえるように、お客様の立場に立って考えて仕事をしている。それが私の仕事に対する思いだと、その友だちは宣言していました。私はものすごくショックに感じました。同じ教室で学んでいる友だちが、こんなすごい考えや思いをもっていたことに。

それから私も介護の仕事に就き、さまざまなことを経験しました。今、私はりんご学園での自分の仕事にプライドをもって仕事をさせてもらっています。まだまだ経験不足なところも多いのですが、お金をいただいている以上、自分で向上心をもって仕事に取り組んでいきたいと思っています。分からないことは勉強し、日々新しいことを学んでいく姿勢を忘れないようにしたいと思います。

私の子供たちにも、どんな仕事でも、自分でこの仕事は誰にも負けないというくらいの気持ちをもてる、そんな仕事に就いてもらいたいな、と思っています。

私は介護の仕事が好きです。でも、好きというだけでは仕事は成り立たない。そんな中でも、自分なりに責任をもって、向上心をもって毎日働くようにしていきたいと思います。

二〇一六年五月

プロ意識

柳原　四志子

プロ意識とは、自分の判断に責任をもって行動できるよう常に気を配っていることかと考えます。

介護職は一般に専門職といわれ、給料のため肉体労働を行う職業の一つです。

この仕事に就いたからには「介護のプロ」といわれるよう努力しているつもりですが、三百六十五日、一日たりとも同じ日がない仕事です。毎日が違って、毎日が勉強です。毎日が初心者のようです。とてもプロといえる実力はありません。ほんの数年ですが、りんご学園でお世話になり、少しばかり経験を積んできましたが、介護職とは人を相手にしている職場です。自分の自己満足だけではプロにはなれないと思っています。

メンバーさん、メンバーさんの家族、スタッフ、他者からも認められ信頼されなければプロとはいえないのではないでしょうか。

私は、まずメンバーさんに信頼される人を目指しています。新しく入居された方、気難しい方、高齢者になるとこちらの話を理解してもらうのが難しいことが多くなります。それでも、この仕事を選んだからには、信頼され安心して任せてもらえるようなプロになりたいです。

家族に代わりメンバーさんのお世話をさせていただいているわけですから、まず自分の行動がメンバーさんに信頼してもらえるよう心がけていきます。

そして、同じ職場の先輩として、口先だけでなく「行動できる人」でありたいと思います。

薬

二〇一七年四月

柳原　四志子

メンバーさんの薬の担当になり、何年にもなりました。みなさん、薬は大好きで増えていく方が多いです。なかには変更された薬に敏感に反応してしまう方もおり、見守りが必要となります。

薬の副作用のせいで足元がふらつくようになったり、血圧が上がったり、日中も良く眠っていたり、言葉がうまく出なくなったりしてきます。良いと思い飲んでいたことで別の症状が現れることは、最近のメンバーさんにも何人かありましたので、先生に相談し中止、又は変更していただきました。

私も薬を専門に勉強したわけではありませんが、メンバーさんの様子が少し変わったと思った時に、まず薬の確認をすることにしました。これは担当をしている限り、他のスタッフには分からない、普段見ていない情報を取り扱っている者として大切なことだと思っていいます。薬局から出された説明書に目を通すことや本で副作用を知ること、確認したことをミーティングで報告すること、これらのことは今後も続けていくつもりです。また、少しでも薬を減らしていけたらとも思っています。

誰でも嚥下が衰えてしまうため、錠剤も飲みにくくなり、飲めないためトロミをつけ溶かしている人もいます。

長生きしていただくため、いつまでもおいしい物を食べてもらいたいので、薬は大切ですが飲み過ぎには注意していきたいです。

二〇一七年四月

当たり前の幸せ

待井　園己

早いもので、熊本地震から一年が経ちました。

まさか、自分の身内が被災者になるとは、あの日までは思いもしませんでした。妹もその立場になってみなければ分からないと言っていましたが……。私自身もどこか他人事になってしまっていた気がします。

一年前の熊本地震を思い出しながら、またあらためて思うことができました。家族が元気で、仕事があって、毎日ご飯が食べられる。こんな当たり前のことを当たり前にできることこそが本当は幸せなことなんだ！　ということです。

日々の生活に追われてしまうと、ついつい不平不満を言ったり、愚痴っぽくなったりですが、何かを失ってから気づくのではなく、いつもこの当たり前の幸せに感謝できる自分でいたいと思います。

二〇一七年四月

自覚をもって行動を

下村　妙子

四月も終わり暖かくなり、やっと過ごしやすい時期になってきました。今年も季節の変わり目は暖かい日と寒い日が交互にやってきました。私も体調をくずしやすい状況で、毎日のように風邪薬と栄養剤を飲んでいて、身をもって実感しました。メンバーさんも体調をくずされる方が出てきましたが、最近少し落ち着いてきてほっとしています。

今月はお花見とランチというイベントがあり行ってきました。私の行く日はあいにくのどしゃぶりで、花見も車の中からという感じでした。一緒に行ったメンバーさんは、それでも「きれいだねぇ」「車に乗せて連れて来てくれてありがとう」と励ましてくださいました。チャオでのランチもとても喜んでいて、おしるこをおかわりする方や、初めてチャオに来た方は今度家族と一緒に来たいから教えてほしいとおっしゃる方などいて、大変喜ばれ、雨の中行った甲斐があったと思いました。

私といえば、自分のことで一杯いっぱいの毎日で、まわりの人のことを思いやることができていないような日々が続いていました。とにかく自分のやらなければいけないことで精一杯になり、何か起きた時に本来やるべきことができず他人まかせになり、結果いろいろな人に迷惑をかけることになってしまいました。深く反省しています。

これからは自覚をもち、責任をもって行動していかなければならないと実感しています。常に自分の立場、やらなければいけないことを考えて行動していかなければならないと痛感しています。

二〇一七年五月

夢の中の母を想い

待井　園己

疲れてこたつでウトウト寝てしまった時、久しぶりに母の夢を見ました。夢の中の母は、お酒を飲みちょっと酔っていました。生前、お酒など飲めなかったのに……。それでもとても気分が良さそうでした。

母は、何を楽しみに生きているのかな?と思ってしまうくらい苦労の連続でした。そして、五十六歳でこの世を去りました。生きていれば、今年七十三歳です。どんなおばあさんになっていたのかな?と想像してみました。まあ、病気がちだったので、当然介護が必要な生活だったと思います。

今、親の介護で大変な思いをしている人を見ると子供に介護をさせずに逝ってくれてありがとうというのが本音です。そして絶対にやることはない!と思っていたことを今、仕事にしているのも何ですが……。

りんご学園のメンバーさんには、毎日笑顔で過ごしてほしい。そう思って私はこの仕事をしています。まあいろいろとお騒がせしましたが……。

「心を強くもつ」これができたら後悔しない生き方ができるでしょうか……。そうなりたいです。

二〇一七年五月

身内の事情

塚田　まさ子

先日、千曲市保護係から連絡があり、Tさんを探している松代の次兄が訪ねてこられ、近いうちにそちらへ行くかもしれないということでした。長兄の体調がよくないのでその前に会わせたいと、松代のMさん夫婦が足を引きずりながらみえました。Tさんは、ご自宅の市営住宅の玄関で倒れているところを民生委員に発見され、入院、リハビリ後の三年ほど前に保護を通じて入居。ご自分の次女がキーパーソンになられていますが、千葉に住んでいるためか入居後に一度面会に来られただけで、生活のためなかなか来られていません。川中島に住む長女とも音信不通のようで、誰ひとり訪ねてくる人もなく……。Tさんも体調がよくないという現状ですし、長兄に面会に行くことはできないこと、そして体調のことなど伝えないということで、会っていただくことにしました。泣き顔だった三人もいろいろと話し、顔を見たことで落ち着かれ、帰る頃にはみんな笑顔になっていました。身内といえども捜し出すのに三年かかってしまった……自分も入院したりしていたので……。市役所に問い合わせをしても個人情報だからと言われ、今度は自分たちの保険証など身元の分かる物を持ち市役所に行ったら、保護の方に教えてもらえた……と。「また来るからな。こんな近くにいることが分かったから、また来る」と言われて帰って行かれました。

孤独な老人。少しずつでも身内と交流をしていたほうがよいのでしょうか。それぞれの事情の内で病気をしたり、認知症になったり、自分のこともままならない状態になれば連絡のしようがなくなる。老人になっていくということは、なんと淋しいことなのか……。一つひとつ自分の大切なものを失っていくのが、高齢者になっていくことなのでしょうか。今までできていたことが少しずつ自分でできなくなってきたと認めなければいけないのか……なんともいえない淋しい気持ちになりました。

決して他人事ではない生きづらい時代に、孤立しない努力をしていかなければ、金銭的な貧困以上に人間関係の貧困に陥り、誰にも受け入れられないままにならないよう。年齢を重ねても新しい人づきあいをいとわない姿勢をもつべきで、孤立は何より人間の気力を奪うし、どんな状況であれ今の自分を大切にしていくべきです。身内のことはともかく、Tさんや他のメンバーさんには「りんご学園に、ここにいていいんだ」と思えるよう心地よい生活ができるように日々伝えていけるような介護をしていきたいと、気持ちも新たになりました。

二〇一七年五月

内面を磨く

岩本　小夜香

先月は、マンスリーレポートでの表彰ありがとうございました。今月からまた初心に戻り、マンスリーレポートを書いていこうと思います。頑張ります！　頑張るということでもないのですが……自分の気持ちを素直に書いていこうと思います。

先月の会長のお言葉にある「内面を磨く」ということ。内面を磨くって難しいですね。でも、常に自分の中にもっていなくてはいけないことだと思います。

よく「あの子は性格が良い」という話を聞くことがありますが、それは内面がキレイということなのでしょうか。私は違うと思います。公平にどの人にもニコニコしているからといって、性格が良いとはいえません。きっと裏の性格があるからに違いない、と私は思ってしまいます。

内面が磨けるのは、自分に一つでも自信をもち、みんなの前で素直に表現できることなのでは、と思います。

私は自分の性格はあまり好きではありません。しかし、それは結婚し子供ができた時に変わりました。子育てを通し自分のすべてを受け入れてくれる存在に出会い、相手を無償で受け入れるということを知った時です。

子供の前では、私は会社にいる私ではなくなります。怒ってばかりいるし、命令ばかりしているし……。しかし、子供たちはそんな私を「こういうお母さんなんだ」と受け入れてくれます。そんな子供たちだけど、この子たちには私しかいないんだ、という気持ちにさせてくれるのも我が子たちしかいない。

そうやってお互い成長している日々を感じることで、私は母親業に少しずつ自信がもてるようになりました。自分が今まで気がつかなかったことを子供に教えてもらい、あらためて自分の内側の性格を見つめ直すきっかけとなっています。

会社でも、他のスタッフからの意見や提案などで勉強させられることはたくさんあります。そうした一つひとつのことに「気がつける」ということが、内面を磨く第一歩になるのではないかな、と思います。

外見ももちろん！　内面もキレイな人でありたいと強く思います。

二〇一七年五月

落ち着いて丁寧な対応を

下村　妙子

まだ五月だというのに夏日、真夏日にまでなっています。暑い毎日を送っていますが朝はまだ寒く、私も軽い風邪が続いています。メンバーさんも温度調節がとても難しく、暑いと思いエアコンを入れても寒いと言われたり、一人ひとり感じ方が違い、本当に難しいです。

最近新しいメンバーさんも入り、人数も過去最高というようになりました。お元気で自立しているメンバーさんもいれば全介助のメンバーさんまで、今までにないくらい幅広い対応を求められていると感じます。

自立しているメンバーさんでも、やはり帰宅願望の強い方や頻繁に頭痛を訴える方など、一日に何度もそういった訴えがあります。自力でできる時もあれば、時に危なく介助が必要な方も何人かいて、本当に一人ひとりそれぞれ対応の仕方が違い、人数分求められることが違ってきます。スタッフも常にいろいろなことに気を張っているように感じます。

新しく入った方も慣れ、落ち着くまでこういった日々が続くと思います。一人ひとり安心安全に過ごしていただけるよう、こういった時こそ落ち着いて一つひとつ丁寧に対応ができるよう心がけていきたいと思っています。

二〇一七年六月

「生きる」について

岩本　小夜香

今年も梅雨に入りましたが、思うほど雨が降らないなあと思います。朝・夜もわりと過ごしやすいような気がします。こんな梅雨のまま夏に突入するのでしょうか？

今月のレポートのタイトルにしました「生きる」について、テレビで大きく報道されていました。歌舞伎の海老蔵さんの奥さん小林麻央さんが亡くなりました。そのニュースは本当に残念な気持ちでいっぱいになり、とても悲しくなりました。

私も子供をもつ母親であり、両親をガンで亡くした身内でもあります。麻央さんの立場で思うと、本当に本当に心残りだと思います。まだ我が家の子供たちより小さな年齢の子供と別れなければならない。無念だと思います。そんなふうに思うと、私の心もしめつけられる思いです。

また、海老蔵さんや他の身内の方、ガンで闘病している家族をそばでずっと見守っているつらさ……。すごくよく分かります。日に日に弱っていく姿を目の当たりにしても励まし続けなければいけない。痛くて痛くてどうしようもなく苦しんでいる家族が目の前にいても代わってあげられない。何もできない。ただそばで身体をさすってあげることしかできない……。

私は母が息を引き取る瞬間を見ました。麻央さんは海老蔵さんに最期に言葉を残したけれど、私は母の最期の一瞬を見ていました。そして、本当に不思議なことだけど、母は寝ていた私と妹を呼んでから息を引き取ったことは忘れられません。たぶん、一生。

私は母を家で看取ることができて本当に幸せでした。母の苦しむ姿やこのままの状態がいつまで続くのか?という不安など、いろいろなことがあったけれど、父と母が建てた家で最期を迎えられたこと、幸せでした。母が息を引き取って少したった時、母の顔が笑っていたのを今でも思い出します。

これからの介護の現場では「看取り」になる方がどんどん増えてくると思います。「病院で亡くなる」から「家で亡くなる」というようになってきています。りんご学園でもそのような方は増えてくるのだと思います。

病気に対しての専門知識を勉強することはもちろん大切ですが、その前にその人に対していかに意味のある人生にするか、ということがとても大事になってくると思います。個人の思い、考え、生活スタイル等々大切にしたケアを提供しなければなりません。

麻央さんのように、同じ病気で闘っている人たちに向けたブログなどで、自分の生き方を見つめる。本当にすごいことです。そしてとっても大切なこと。私も麻央さんのブログを見ていましたが、「私のことをかわいそうと思うでしょうか」という一文がありました。「病気になってかわいそう。幼い子供たちがいるのにかわいそう。でも、私の人生は病気だけの人生ではありません」というようなことが書いてありました。それを見た時ハッと思いました。麻央さんには病気になる前にもすばらしい人生があったんだ、と。

私も今月四十歳になりました。もう四十年人生を歩んできました。いろいろありました。本当にいろいろ……でも、まだこれからもきっといろいろあるはず！　その「いろいろ」を自分で作っていくんだ。一日一日を大切に生きていきたい。今しかない時をムダにせず、意味のある一日にしていこう！　そう思う今月でした。

繰り返しの毎日は？

二〇一七年六月

塚田　まさ子

どうしてそんなに家に帰りたいのかなあ。いろいろな事情があるのに、良い思い出のある家だったのかしら。私も、どの時代の家を探して帰って行ってしまうことになるのだろう。と自分の先のことを考えさせられます。

今日もSさんの一日が始まりました。朝から大きな荷物を二つ持ち、急ぎ足で慌てた様子で玄関を目指して来ます。まず事務所に寄り「お世話になりました。今日で帰ります」と下駄箱から靴を出し……ということが一日に何度も何度も見られ、以前より増えてきています。以前から事務所に来ては「今日で帰るのでお支払いを……」「年金は預かってもらっているのか」と聞いてくるなか、旧姓の「Yさん」に戻られています。

現在七十歳となったSさんは、ご主人の実家（篠ノ井）→ご自分の実家（雨宮）→Sさんの家（屋代）を日によって行ったり来たりです。「電車もバスもないから娘のMさんのお休みの日に送ってもらいましょう」とお話すると「そうね」とその場では納得されお部屋に戻られますが、五分もたたないうちにまた事務所に同じ話をしに来るという繰り返しの毎日です。試しにスケジュールボードにSさんのスケジュールを入れてみたり、大きな荷物を持ったSさんと一緒に歩いてみたりとしていますが、歩くということで、道も分からなくなり、体力もなく、無理ということはその時は分かったようでした。その時は分かるが時間がたつとまた元に戻ってしまい、一から、ゼロから始まる毎日です。

徘徊。介護の教科書に出てくる状態そのものです。そこには、利用者の心に寄り添って……介護しましょうと、いかにもという言葉が書かれているが、一日に何度もそして十回以上になると家族でなくとも心の余裕がなくなってしまうように感じました。どんな思いでいるのか、どんな思いで帰りたいのか聞いてみたいです。

繰り返しの毎日は、本人にとってどうこうないのかもしれません。認知症だからしょうがないと諦められません。認知症であっても、ある部分では分かっていることも多いと思うので、もう少し自分なりに考えてみたいと感じました。ほかに楽しみを見つけていく、気持ちをそこからそらしていくということが大切なのかもしれません。

六月になり夏まつりのカラオケ大会の出場者にSさんも決まり、選曲して少しウキウキしている姿もみられます。まずは、できることを増やし、安心安全に心地よい生活ができるよう応援していきたいと思います。そしてSさんにとって心のよりどころになれる私でありたいと強く思いました。

二〇一七年六月

特別な仕事

新井　理恵

六月の初め、りんご学園からの帰り道、車の中で聞いていた県内のニュースで「川で亡くなっていた身元不明の七十代の男性は、捜索願の出ていた方だった。認知症があった」と知りました。その数日後にも「行方不明の女性がいる」と防災放送で知り、次の日には用水路で亡くなっていたと新聞で知りました。

そんなニュースが続き、その度にいろいろな思いになりました。認知症があるとはいえ、外に出たご本人はどのくらい心配だっただろう、探していたご家族もどのくらい心配だっただろうと、ずっと考えました。りんご学園にいる私にとって、とても、とても身近なことに感じたからです。

メンバーさんが毎日りんご学園で何事もなく過ごしていることは、私たちにとって何気ないことに思ってしまいます。もちろん、メンバーさんの笑顔をたくさん見ることができたり、元気な姿を見ることができると、とても嬉しくなりますが、大きな変化がないと日々に慣れていってしまいます。けれど、毎日一緒にいることが誰よりも多くなるのが私たちです。私たちはメンバーさんを守っていかなくてはいけない立場にいるのです。

私たちはいつも、メンバーさんとしかいないような気になっているけれど、メンバーさんがいる先にはご家族がいます。メンバーさんがりんご学園にいて、安心の毎日を過ごしていることが、ご家族の安心の毎日に繋がっています。ニュースを知って感じたこと、考えたことで、私たちの仕事はひとりの方相手ではなく、ひとりの方の先にいるたくさんの方の安心までを守る仕事なのだ、と気がつくことができました。

安心した気持ちで日々を過ごせることとは、なかなか簡単なことではありません。それぞれ不安や心配なことがあり、安心できる基準も違います。けれど、ひとりの方の先にいるたくさんの方の安心までを守れる仕事は、簡単に誰でもができる仕事ではありません。特別な仕事だと思います。またひとつ、この仕事に魅力を感じました。

二〇一七年七月

言葉づかい

岩本　小夜香

今年も夏祭りが終わりました。昨年末頃より、スタッフみんなで協力し、頑張って計画した夏祭り。お芝居も例年になく難しく、坂本竜馬様の奥様という大役。私にできるのかな……と不安に思いながらも練習し、見事に成功をみんなで分かち合えました。本当に良かった！　りんご学園のスタッフってやっぱりスゴイな！と嬉しく感じて迎えた打ち上げパーティー。時間の関係であわただしくなってしまいましたが、浅香光代先生、世志凡太さんも本当に協力していただいて、とても盛り上げてくださり、打ち上げパーティーも成功！　すごく晴ればれとした気持ちでいました。

しかし、今回のタイトルにもある「言葉づかい」の問題です。夏祭りの打ち合わせの時にも、会長がおっしゃっていた「たった一言で人はすぐ不快な気持ちになる」という言葉。本当にその通りだと思います。言葉ってすごく難しいものです。何気なく出てしまった一言で傷つけてしまったり、不快にさせてしまったり……。そして、それを取り戻すにはとてつもなく大変なことになってしまう……。取り戻すことさえできないこともあります。今回のことで本当に考えさせられました。

夏祭りでも二階席のお客様からの苦情がありました。獅子舞が始まってから、席を立ってほしい、と他のお客様がいる中で言われてしまい、大変不快な気持ちになったと。私とYさんとMさんで本当に謝りました。そして、空いていた指定席へご案内させていただいたのですが、そのお客様はお芝居にも感動してくださり、カステラもたくさんお買い上げいただき、帰りには「また来年も楽しみにしています」とおっしゃってくださったのです。あんなに不快にさせてしまったにも関わらず、そんな優しい言葉をかけてくださって……。私たちは本当に救われたような気持ちになりました。

「言葉」って本当に難しい。何気なく出てしまう言葉で人を喜ばせることもできるし、傷つけてしまうこともできる。私も日々気をつけていますが、足りないところもまだまだあります。

日常業務の中でこの介護という仕事は、言葉づかいということがとっても、とっても大切になっていきます。これからは一つひとつの声かけや言葉づかいをお互いチェックし合えるスタッフ関係にしていきたいな、と思います。メンバーさん、みなさん、気持ちよくりんご学園で生活していけるように！

二〇一七年八月

自分の目標

柳原　四志子

厳しい暑さが続いておりましたが、ようやく朝夕過ごしやすくなりました。一日一日がとても早く感じられます。

月一回のランチミーティングに参加させていただいていますが、会長のお話、考え方を直接聞くことができ、りんご学園の方針や方向性が分かり、とても良い機会だと感じています。

今回の「静かで上品な介護」のお話も、できるところからと、次の日から「トイレ」の言葉から改善を始めました。自分では気付かず、いつの間にかメンバーさんの気持ちを忘れ、おろそかにし、プライバシーを侵害していたことを反省しました。

あと一つ、「介護はサービスです」という気持ちも忘れかけていた自分に気付きました。『一つひとつ相手の気持ちになり、一つひとつていねいに』私自身の目標を立てました。毎日「ああすれば良かった。これもやっておきたかった」と思うことが必ずあります。後悔しないように、一つひとつていねいに！　そしてそれがいつか上品な介護につながるように、できることから目標をクリアしていきたいと思います。

今月は反省点ばかり頭に浮かび、自分を見直すいい機会になりました。

二〇一七年八月

前を向いて歩き出す！

町田　友美

先日は、貴重な時間を私のために使ってくださりありがとうございました。少し時間が経ってしまいましたが、話の深い濃い内容にぐっと引き込まれていた私でした。忘れられない、子供と親の関係の話や、りんご学園の三年後計画の達成へと向かうお話、気持ちが楽になりました。本当にありがとうございました。

りんご学園の良いところは、一人ひとりメンバーさんの生活や、その方の個性に合わせて寄り添う介護ができていることだと思います。どの方にも満足していただくには、私たちスタッフがメンバーさんの人生をどこまで理解して的確な（気の利いた）お手伝いができるかということかと思います。今までの自己流になってしまっていた介護の方法をもう一度見直す時がきたと感じています。りんご学園のスタッフが、同じスタートラインに立ったという気持ちで歩き出すことが大切なことだと思いました。

身近な方々、私の親もですが、介護の施設や職員さんにお世話になる日も近いです。そんな時に胸をはって「私の働くところに来て、ぜひ一度見に来てね」と言いたいです。後ろ向きにならず、前向きに介護の未来は明るく、年を重ねることは素敵なことだと世の中のみなさんに感じていただけるようになりたいです。

まず、当たり前に過ごしてきたことを見直し、もう一度基本を学びたいと思っています。

笑顔は常に忘れません！　毎日をkeep　smiling!　で過ごしたいです。

二〇一七年八月

上質な介護を目指す！

岩本　小夜香

今年も、りんご学園の夏祭りで始まった夏もあっという間に終わろうとしています。朝夕の風はすっかり秋を感じます。

今年の夏は「二回目の成人式」というものがあり実家へ帰省。そして、久しぶりに中学卒業以来会う友人たちとの同窓会があったりと楽しいこともあり……また姑の俳諧が始まったという、この先不安を感じることもあり……いろいろあった夏でした。

さて、今回のレポートのタイトルにもある「上質な介護を目指す」ですが、正しい言葉づかいを、もう一度基本に戻り、考え直したいなと思いました。

言葉というものは、本当に難しいものです。自分は悪いと思わずに話した一言で、相手を傷つけることもあったり、何気なく話した言葉で相手を喜ばせることも勇気づけることもできます。

また、私たち介護者は簡単に相手を威圧的にしてしまうこともあります。介護者として威圧的な言葉や態度は絶対にしてはいけません。言葉だけではありません。態度も同じです。自分ばかり……ということが先行してしまい、自分ペースで相手の気持ちを考えずに行動してしまうことも問題なのでは……と思います。挨拶ひとつとっても、明るい声の挨拶と暗い声の挨拶では、メンバーさんも感じ方が違うのではないでしょうか。

これから「上質な介護を目指していく」には、各自、自分の今までの態度や言葉づかいをもう一度見直す必要があると思います。それをみんなで一度話し合いたいなと思っています。仕事に対する思いが、態度や言葉づかいに出てしまう、私はそう思います。

上質な介護を目指すには、仕事に対する思いや考えをもう一度考えたいと思います。

看取り

二〇一七年九月

唐木　美代子

その人らしさを尊重するために自然な最期を希望しても思い通りに進まないのが現状です。回復する見込みがない方に対して、点滴やチューブなど取り付けていくのが「延命治療」です。

意識がなくなれば家族の判断が優先になる。「何か苦しそうなのに放っておくのか？」「なんとか楽にしてやりたい」心の葛藤が続き、「救急車を呼んでほしい」になる。水が飲めなくなり、一切点滴をせず枯れるように亡くなった「自然な最期を迎えられてよかった」ということにならないものか？

医師が死亡診断書を書いてくだされば問題ない。しかし、苦しみ始めた人を目の前にすると心が揺れる。本人の意識がハッキリしている時に確認してもやはり最後は家族の判断で決まる。

在宅での看取りをお国が推進している今、最後はガーゼに水を含ませ「くちびる」に当てるだけで人工呼吸しない選択。ご家族が見守るなか死を迎えることができればいいなと思いました。

穏やかで静かな最期。意識がなくても音（耳）は聞こえるそうです。最期まで。

二〇一七年九月

素直な心で過ごすこと

町田　友美

季節はすっかり秋になり、日中暑いと思っても我慢のできるくらいになってきました。この季節の長野は街を歩いていると、すれ違う人それぞれが自分に合った好きな服装を工夫して着ている姿が目に入ります。

今回いただいた衣装手当をどう生かしていこうかととても迷いました。私のなかで「上質な介護・一流な仕事」とつながっていると思うからです。

毎日お会いするメンバーさん、スタッフ、りんご学園のご近所の方やチャオのお客様、ご家族の方など、初めて会う方にも印象が良く見えたらいいなと思いました。そして自分で思う好きな服と、人から見た似合う服（私のイメージと合っている服）は違うとも感じました。

きちんとした身なりでの仕事は、気持ちにめりはりが出ますし、やる気の出る色や好きな形のものを自分の身に付けているとフットワークが軽くなる気持ちがします。

みんなそれぞれ個性があり、りんご学園の中が明るくなり、表情も豊かで清潔な印象に映れば、来訪者の方も安心した気持ちでまた来てくださると思いました。

私の第一印象が良くなりますように……と願って今回の衣装手当を使わせていただきました。これからますます寒くなってきますので、まわりの方から温かく優しい印象をもっていただけるようにしたいと思います。他社にはないこの制度が嬉しく楽しみです。ありがとうございました。

二〇一七年九月

衣装手当の意味

新井　理恵

九月の衣装手当をいただきました。いろいろと考え、洋服と髪かざりを購入しました。洋服は自分の好きな物と赤い色のもの、髪かざりは三つ編みにした時に付けられるものや、後ろでまとめた時に付けられるきれいな色やキラキラした物を選びました。りんご学園のメンバーさんは、おしゃれな方が多いので、私が着ている物や身に付けている物にもいつも気が付いてくださいます。明るい色の物や柄物を着ていると「いいね」、髪の毛を三つ編みしていると「なつかしいわー」と、なんてことない会話ですが、そんなお話をすることが多くあります。

「衣装手当、どうしようかなぁ」と考える時、いつもIさんとの出来事を思い出します。Iさんがりんご学園でお元気だった頃、何かの用事があってIさんのお部屋に伺いました。用事が済んで、お部屋を出ようと後ろを向いた時、Iさんが手を叩いて「その赤いの、きれいだ！」と言いました。何のことだろうと、すぐに分からなかったのですが、その日私が付けていたピンクの髪かざりを見て、ニコニコと手を叩いてまで喜んでくださったのです。カチッとしたイメージだったIさんからは想像したこともないくらい、ニコニコ、ニコニコした笑顔でした。「ありがとうございます！」とお礼を言ったことは覚えていますが、とてもびっくりしたのと、嬉しい気持ちで、他には何も覚えていません。

それからは、自分の身だしなみでも、メンバーさんが喜んでくれたり、懐かしがってくれたりしながら、ニコニコとお話ができるきっかけを作ることに気が付きました。メンバーさんの着ている洋服も、ステキな柄や色の物であることにも気が付きます。お話を聞くと、手作りの物だったり、ご家族からのプレゼントだったりで、ステキなお話を聞くこともできます。

あの時、Iさんはいつも見ていてくれたのかもしれないし、その時たまたま目についただけなのかもしれません。けれど、自分の身だしなみに少し気を配るだけでも、メンバーさんの日常を、ほんの少し変えることができることに気付かせてもらいました。

衣装手当の意味も、少しずつ考えることができるようになり、Iさんに感謝の気持ちです。

二〇一七年九月

笑顔でいること

飯島　大地

九月も終わり、気付けばもう十月。外に出ると金木犀の香りが……あの香り大好きです。りんご学園で働き始めて四年目に突入している今、時々思い出すことがあります。それは入社した時にずっと自分の中で決めていたこと、どんな時でも笑顔でいること、笑顔を忘れないことです。やはり笑顔って素敵で、すごい力をもっているんだなとあらためて実感します。特にこの仕事をしていると、そう実感する場面が多くありました。いくらしゃべれなくても、こっちが笑顔でいれば何だかまわりも笑顔になれる、言葉にはないミュニケーションのひとつでもあると思います。楽しい時、苦しい時、悲しい時、笑顔でいればきっと何か良いことがあると思っています。

そう思わせてくれたことが最近ありました。近所に自分が小さい頃からよく遊びに行かせてもらっていたおじいちゃんの家に久しぶりに行った時のことです。自分の孫のように可愛がってもらっていました。ですが二年前にアルツハイマー型の認知症と診断され、それから早いペースで症状が進み、今は家族のことも忘れてしまっているとのことでした。そんな時にふと、あ、あのおじいちゃん元気かなと思い、顔を見に行ってきました。そこには前と変わらない優しい笑顔のおじいちゃんがいました。ですが僕のことは覚えておらず、「はじめまして」と挨拶されました。正直受け入れることができませんでした。ショックを隠せなかったというか……でもここは笑顔でいようと思い、いつものように笑顔でいろんな話をしました。

一度喋り出すと止まらないところは前と変わらないおじいちゃんでした。もちろん病気は進んでしまっていますが、でも、どんな病気でも人には笑顔という素敵な感情表現が残っているんだとあらためて思いました。そして帰る時にまたいつでも遊びにおいでと笑顔で言ってくださったことが何よりの言葉でした。

このように自分が笑顔でいれば、まわりも笑顔になると思いました。なのでこれからも大地スマイルを忘れず、メンバーさんとたくさん笑って仕事をしていきたいと思いました。

二〇一七年九月

適職？　天職？

待井　園己

今、スタッフ一人ひとりが「静かで上品、上質な介護」を意識しているためでしょうか、りんご学園の雰囲気も変わってきた気がします。

私自身もメンバーさんへの声かけには、今まで以上に気を遣い、穏やかな気持ちで接しています。そう心がけていると、不思議と仕事が楽しいと感じることが多くなりました。時にイライラすることはありますが……。

つい先日、入浴介助している時のことでした。いつものようにメンバーさんに声かけしていると「声かけが上手いなぁ。この仕事に向いているなぁ」と言われました。

単純ですが、ちゃんと見ていてくれる人がいたことが何より嬉しかったです。そして、これからも頑張ろう！　まだ、頑張れるかな……と思えました。

二〇一七年十月

質の高い介護

宮田　知子

質の高い介護とは？　自分自身いろいろと考えてみました。以前とは全く違う介護の仕事に携わり、二年が過ぎ、三年目に入りました。まさか自分が介護の仕事をするとは夢にも思っていませんでした。

この二年を振り返ってみて、自分自身質の高い介護をしてきただろうか？と考えてしまいました。メンバーさんに言われたことで頭にきたこともあり、つい顔に出したこともありました。大きな声を出してしまったこともありました。これでは質の高い介護とはいえなかったと反省することが多々ありました。

私よりもずっと長い人生を送られてきた方々なんだからと尊敬しなければいけないと思います。また、それぞれ違う人生を送られてりんご学園に来られた方々です。今までとは違う環境で生活をしていかなければならないので、私たちも気を遣わなければと思います。

一人ひとりのメンバーさんのことを思い、自分だったらどうしてほしいだろうという気持ちを考え、介護を行っていきたいと思います。また、家族の方々にも明るく、気さくに声をかけていただけるように介護に徹底していきたいと思います。

二〇一七年十月

仕事の成果

岩本　小夜香

先日は、まぐろ解体ショーお疲れさまでした。とっても、とってもおいしいまぐろをたくさん食べさせていただき、ありがとうございました！　また、家の者たちも遠慮なく食べさせていただき、本当にありがとうございました。子供たちもまぐろの大きさや解体の技術のすごさ、そして高級まぐろの味にとても感動して、命あるものに感謝して食べることも教えていただきました。ありがとうございました。

今回のまぐろのイベントは初めてだったので、どうなるのか、まったく予想ができず、タイムスケジュールから食材の量など、本当にこれで大丈夫なのか？　当日まで不安でいっぱいでした。まぐろの解体ショーの司会などできるのか……自分なりに勉強していたつもりでしたが、もっといろいろお話できたらな、と反省点もあります。が、解体ショーに来てくださったお客様みなさんの喜んでいた顔を見たら嬉しくなりました。

先月、会長がお話してくださった「仕事の成果」ですが、会長のおっしゃるとおり、私たちの仕事は数字では表すことはできません。では、何で成果を表すのか、と私なりに考えたのは、お客様の声なのではないかな、と思いました。

老人ホームりんご学園って最近名前は聞くけど、どこにあるの？　何人くらいの人が入居しているの？　など、他事業所さんから聞かれる時があります。りんご学園の名前が地域に拡がっているのを実感します。また、入居されているご家族からもりんご学園で良かった、とお話されることも増えました。そして、今回のまぐろのイベントや夏祭りなど、イベントを通して私たちの仕事を知ってもらえるきっかけもでき、ここの老人ホームなら自分の親もみてもらいたい。自分も入りたい等の声をいただくことがとても多くなりました。

そんな声こそ、私たちの仕事の成果なのではないかな、と思います。日常の業務だけをこなしているだけでは得られないことを、イベント（りんご学園の）を通して得ているものも多いと思います。

次はクリスマス会です。クリスマスはメンバーさんのご家族にも、そしてメンバーのみなさんにも、りんご学園に来て良かった！と心から思ってもらえるようなイベントにしたいと思います！

二〇一七年十月

優しい言葉

新井　理恵

夏祭りが終わり、知り合いになった人がいます。その方は、出演者のつながりで来てくださった方でした。誘われた出演者の時間だけと思って行ったけれど、最後まで楽しんでいってくださったそうです。

いろいろなお話をする中で、「すごく楽しそうな顔をして仕事をしていたね、いつもそうなんだろうね」と言われました。ハッとしました。今は知り合いとしてつながりましたが、夏祭りの時は知らないお客様です。知らないお客様が知らない私を見て、そう感じてくれた、印象に残してくれたということにとても嬉しく思いました。仕事をしていて、一番嬉しい言葉だと思います。同時に、自分の知らないところ、意識をしていないところでも、りんご学園の一員として見られているという意識は、本当にしっかりと忘れてしまうことなく、もたなければいけないと思いました。

Yさんが亡くなる前の日も、事務所で仕事をしていると、Yさんの元気な笑い声と話し声が聞こえてきました。どんなお話をしていたのかは分かりませんが、「そんなこと言っちゃダメだよ、ありがたいじゃん！」というYさんの声。いつもなら「Yさん、誰かとお話しているんだなぁ」と思うだけなのですが、その時は「Yさんみたいな人にならなくちゃいけないなぁ」と思いました。素直に「いいね」と言える、「ダメだよ」とも言える、「ワハハ」と笑え、「褒めたり励ましたりできる」、Yさんのような人です。

たまたま聞こえてきたYさんの言葉が、とても優しい言葉に聞こえました。自分の知らないところでも、何かを感じ、思う人がいることも忘れずにいきたいと思います。

二〇一七年十月

仕事について

柳原　四志子

先月の全体会議でお話があった「仕事の成果」についてですが、答えが出ません。難しいです。

形や数字で表せないため、成果！といわれると、一日一日、仕事をやり終えた時の達成感とか満足感といった気持ちや、少し長い目でみると、人と人との関係の間に生まれる相手に信頼してもらえると感じる信頼感、又は自分がたくさんの経験をして得たこと、人として成長したと感じられそう思えること、あやふやな表現しかできません。自分から出せる結果ではなく、他人から見られた成果が仕事の成果として表れるような気がします。考えても答えは分かりません。

私は仕事も家庭も同じ目標として、常に他人から必要とされる立場（人）でいたいと思っています。そんな毎日を送りたいです。

まぐろ解体ショー、お疲れさまでした。四十キロのまぐろを見たのも初めてでしたし、もちろん解体を見るのも初めてでした。メンバーさんと一緒にワクワクさせていただき、楽しい時間を体験でき、嬉しかったです。

チャオの客層が、ちびっこからお年寄りまで幅広いことにも感心しました。みなさんおいしそうに召し上がっていました。

計画から当日まで、準備もスムーズに進んだように思います。メンバーさんの喜んでいる顔がとても良かったです。来年もぜひお願いします。

生きるということ

二〇一七年十一月

飯島　大地

今年も気がつけば残り一か月。本当に一年なんてあっという間です。そして最近メンバーさんを見ていると思い出すことがあります。それは五年前に亡くなった祖母のことです。祖母は自分が小さい頃から体が弱く、いろいろな病気になり入退院を繰り返しており、施設も何度か転々としている生活でした。なので、あまり自宅で一緒に過ごしたという思い出がないような気がします。

そして月日が経ち、歩くことも食べることもできなくなってしまい、経管栄養を始めるかどうかという時でした。その時に祖母が言っていたひと言が今でも忘れられません。それは「ここまでして生きたくない」という言葉でした。その時自分に何の知識もなかったので感じることはありませんでした。ですが今考えると、祖母の気持ちもよく分かる気がします。家族としては一日でも長く元気でいてほしい、生きていてほしいと思っている反面、祖母からしたら自分で口から食べることもできない、好きな物を食べることもできない、体を自由に動かすこともできない、そんなことを考えたら誰でもそう思うだろうなって考えるようになりました。ただ、その言葉を言われた時は何も言えなかった自分が情けなく、何もできない自分がいて悔しい思いをしたのはよく覚えています。そこから今の仕事をしたいと思ったひとつになっていると思います。そして経管栄養を初めて二年くらいでしょうか、息を引き取りました。

もし、この言葉をメンバーさんに言われたら、今でも何て返したらいいか分からない自分もいます。でも、今も昔も、自分は一日でも長生きしてほしい、笑っていてほしいという考えは変わらないと思います。

介護には終わりがない、正解がないと思っていますが、どうしたらメンバーさんがああ生きていて良かった、長生きして良かったと思ってもらえるのか常に考えて仕事をしていかなければと、あらためて思うようになりました。

二〇一七年十一月

ベンツドライブ

唐木　美代子

十一月二十五日（土）、Tさん八十六歳を迎えられ、誕生会でDさんが代理でお礼を述べられた時、りんご学園に住んで同じ釜の飯を食べ「りんご」のように丸く、仲良くしていただいてありがとうございました。これからもよろしくと挨拶されました。

感極まり涙ぐむ場面もあり、今回のドライブ絶対に行かせてあげたいと強く思いました。また、Tさんも八月頃よりたびたび三十九度の熱が出ることがあり、体調が悪くならないようにお話を聞いてからいつも以上に熱、排便を気にかけ、早めに対応しスタッフで協力してきました。

六十四年連れ添われたご夫婦。思い出のある場所に戻られ、ご自宅までゆっくり景色を見ながら、若い頃バイクに乗られていたことや手作りのおやきが好評で近所に配られていたTさん。大きな目を開けられ、静かに聞いていたような感じでした。

社交ダンス、LPレコードを大音響で聴かれ、近所の人が寄ってきた話など、「オトキチ」

と喜ばれ元気にバイクを乗り回していた頃を想像しながら聞いていました。

それから思い出の地、松代へ。私の出身地でもあり、松代城（海津城）までは何度も通勤した、通い慣れた道です。電鉄が廃線、マツヤも閉店、その近くに勤務していた所も更地になり、様変わりしてずいぶん広い駐車場になってビックリでした。

Dさんも三十年ぶりに来られ、普段できない話を聞けて良かったです。アットホームで楽しいドライブでした。

暖かい季節になったら、ランチかおやつを持って空気の良い広い場所で過ごしてみたいと思いました。

行動にすぐ移せないことがやれた気分に、今日なりました。ありがとうございました。

二〇一七年十一月

別れ

岩本　小夜香

いよいよ冬が始まりました。今朝起きて畑の霜を見て「さみーい！」と言いながら出かけていく子供たち。手袋は？　マフラーは？と寒い日の朝は、いつも以上にバタバタします。今年もまた寒い季節がやってきて、また一年が過ぎていく……早いです。

今月のレポートのタイトルは「別れ」。先月のYさんから始まり、今月は三人もお見送りすることになってしまいました。ケアマネを担当させていただいた三人の方だったので、なんだかポッカリ心に穴が開いてしまったような感じになりました。

Yさんは、今年の夏祭りでは車いすでも打ち上げパーティーに参加してくださり、ハスキーな素敵な声を聞かせてくださいました。Oさんととっても気が合い、仲良しだった二人。今回Oさんの写真（一年間）をまとめていますが、Yさんとのツーショットが多いこと！　Oさん、なんて思うかなと少し考えてしまいました。心なしかOさん、最近ちょっと元気がないような気がします。

Yさんとは一度外食へ行き、その時に昔の武勇伝を聞かせてもらいました。若い頃は決して家族思いではなく、自分の好きなことをやってきたこと。家族には迷惑をかけ反省していること。だから今、娘がいろいろやってくれることにとても感謝していること、など話してくださいました。ひとりだけの娘さんで、「娘には迷惑をかけたことを反省しているけど、なかなか今素直にいろいろ言えないんだ、娘にこれ以上心配ごとをさせちゃいけない」とずっと娘さんのことを考え思っていたYさん。病院へ入院する前に「行ってきます」と涙しながら行ったというYさん、私は忘れません。Yさんと娘さんのとても深くつながっている親子の姿、忘れません。本当にありがとうございました。Yさんに出会えて良かったと思います。

そして、Tさん。Tさんとの出会いもとても印象深いものでした。りんご学園に見学に来られ、建物の中を見て、私たちに会い「こんにちは！」と声をかけた瞬間、「私ここに決めたわ！　ここに入居する！！」「えっ？！　そんな即決？？」あまりにも展開が早くびっくりしたことを覚えています。

Tさんのお家は事情があり、元のお嫁さんが養子になり、ずっと面倒をみてきたお家でした。元嫁ということもあり、少しTさん強かったかな？　それでも、そんなTさんのすべて、精神面も支えていたのは養子のYさんでした。買い物へ連れて行ってくれたり、病院へ連れて行ってくれたり、あれが欲しい、これが欲しいと言うTさんの希望を「はいはい」と言って対応してくださったYさん。そんなYさんもかなりのストレスを感じていました。Yさんの話を聞くのも私の役目であり、またTさんのYさんに対する話を聞くのも私の役目でした。どこのお家も、嫁、姑の関係は難しい！ 日々ため息の出るようなこともたくさんありました。しかし、Tさんの具合が悪くなり、ちょっと気持ちも弱くなってしまった時に「Yさんは？ Yさんは来ないの？？」と、私ではなくYさんを必死で求めるTさん。TさんとYさんは、姑と嫁の関係ではあったけれど、最終的には血のつながりを越えた親子の関係だったのだと感じました。

最後、お顔を見に行かせていただきましたが、Tさんの本当にきれいなお顔。ただ眠っているだけなのではないだろうか？と思うほど、きれいな、そして、とっても安心しているようなお顔でした。最後、Yさんと過ごした時間がとても良い時間だったのだろうな、と感じさせてもらえるお顔でした。

いろいろな形のご家族がいて、私はそのご本人とご家族に寄り添っていかなければいけません。少しの力になれればいいな！と日々思いながら、ご本人とそのご家族に寄り添う気持ちを大切にし、これからもやっていきたいと思います。これからも人と人との出会いを一つひとつ大切にして生きていきたいと思います。

二〇一七年十一月

楽しい気持ち

新井　理恵

十一月の中旬、一年半ぶりのタイ・チェンマイに行くことができました。チェンマイまでの道中や久しぶりに見るチェンマイの風景は、一つひとつがとても大きく見えました。何を見ても、どこにいても新鮮な気持ちになりました。「これがタイの暑さだったな！」と、思い出すような暑さを感じ、会いたかったお友だちとも会え、おいしいものを食べ、そこにいるだけで満足できるような時間を過ごしてくることができました。

外に出ることは、人を元気にしてくれます。そこで大切な人たちと過ごせたり、楽しいことがあると更に元気にしてくれます。外に出て、いつもと違う新鮮な気持ちになるのは、どの人にもある楽しい気持ちです。「楽しいなぁ」と声にする人もいれば、何かを思い出したり感じたりして楽しむ人もいて、楽しい気持ちの表れ方はそれぞれだと思います。

まず、いつも自分のいる場所は大切です。自分の生活の基本となり、すべての基となるからです。そして、その場所を広げることも大切です。どの人にも楽しい気持ちがあるからです。外に出たり、誰かに会ったりと、広げ方にはいろいろな方法があると思います。りんご学園でも、お天気の良い日にみんなで日向ぼっこをしに外へ出るような小さなことから、夏祭りやクリスマスのようなイベントのお出かけや、ご家族とのお出かけなど、いろいろな外出ができます。外に出るたびに、メンバーさんの元気を感じています。

ベンツドライブでも、普段外に出る機会が少ないメンバーさんも外へ出ることで本当に楽しい時間、新鮮な景色を楽しんでいただけているのだと思い、出発のお見送りもしっかりしなければと思っています。最近は近所の猫のトラちゃんもりんご学園になついてくれているので、一緒に出発のお見送りができると最高です。

りんご学園でしっかりと元気のもとを整え、十二月のクリスマスパーティーも、メンバーさんの思い出に残るものになるといいなと思います。

二〇一七年十二月

「変わらないこと」も大切に

新井　理恵

今年も一年が終わろうとしています。たくさんの楽しいこと、嬉しいことがありました。悲しいこともたくさんありました。その度、いろいろなことを考えました。自分がりんご学園にいて、たくさんの方たちと関わっているからこそ、考えられたり感じることができました。そして、その中で「変わらないこと」も大切だと心から思うようになりました。

新しいことをしたり、変えていくことは、先への挑戦だったり、やる気や勇気だったりします。ひとつの小さなことでも、新しいことをしようと思うと、考えることや準備することはその何十倍にもなります。そして、その先にはメンバーさんやご家族、りんご学園に関わってくださっている、たくさんの方たちがいるので、自分をしっかりもって行動をしていかなくてはいけません。途中には上手くいかなくて悩んでしまうこともあります。けれどその過程も「少しずつできるようになっている！」と実感ができると楽しいと思えるようになります。

今年は、自分を通してりんご学園に関わってくださった方たちが、声にして返してくれることが多くありました。「みんなを喜ばせたい気持ちが本当に伝わってきた」とか「参加した自分がとても楽しくて、それを伝えたくて」とか。こんなにステキな声を聞けたのは、今年が一番で、「人に伝わる」ということを本当に実感しました。こういう時が、本当に「やっていて良かった」と思っていい時なんだと思いました。

「変わらないこと」の中には、いくつかあると思うようになりました。ひとつは「今までの良いことが変わらない」こと。良いことが更に良いことにつながるように、良いことの基本を少しずつでも上げていきたいと思いました。ひとつは「変わらない生活がある」こと。いつもと変わらずに自分の生活ができ、自分のまわりの大切な人たちがいてくれることを普通と思わないようにしたいと思いました。ひとつは「変わらない気持ちでいる」こと。りんご学園での「上質な介護」を目指すためには、日々忘れず、忘れそうになったら思い出し、変わらない気持ちでいられるその思いを大切に、今日も明日も過ごしていきたいと思います。

二〇一七年十二月

NO MUSIC. NO LIFE

飯島　大地

これを書いている今、二〇一七年も終わろうとしています。一年は十二か月あって長いなと思いますが、実際こうやって生活しているとあっという間に感じます。この一年を振り返ると言葉では言い表せないくらいにいろいろなことがありました。振り返ると大変な量になるのでとりあえずやめておきます。

先日のクリスマス会、お疲れさまでした。今年も内容盛りだくさんで、自分自身も楽しめて、メンバーさんも楽しんでくださって良かったです。次の日出勤すると、昨日はありがとう、楽しかったと言ってくださるメンバーさんもいて嬉しかったです。疲れが一気になくなりました。カラオケでは何と言っていいか……緊張してしまって膝がガクガク震えてしまったのを今も覚えています。意外と大丈夫、歌えると思っても緊張はするものですね。点数はともかく、あの場所でみなさんの前で歌えて良かったです。

こうして音楽、歌などを楽しんでいると思い出すことがあります。それは専門学校を卒業する時に先生に言われた言葉を。「音楽はいつでもあなたの味方です」この言葉です。確かに自分にとって音楽は生きていく中でなくてはならない存在です。悲しい時、辛い時、楽しい時、いつでも側には音楽があって助けられているなと感じました。歌うことはとてもいいことだと思います。ストレスの発散になったり、この歌を聴くとあの時こんなことあったなとか、いろいろなことを思い出させてくれるものだと思います。そう感じたのもクリスマス会当日、Kさんの弟さんが亡くなったことをKさんが知って、今日は歌わないと言っていたあのKさんも、大好きな歌を歌うことで悲しいとかそういった気持ちを少しでも忘れられたのではないかと思いました。

音楽の力はあらためてすごいなと感じることができました。

ジョギング

二〇一八年一月

松本　和子

運動はさして好きでもないのに何でジョギングなんてしているのか、自分でも不思議です。息は苦しいし、足は痛くなるし、汗はかくし……。決して健康志向ではないのですが、時間があると必ず運動公園に行って走っています。最初はウォーキングでした。足腰が弱くなるのは困ると思い歩き始めました。二年ほどあるいていましたが、去年の秋寒くなった朝、走ったほうが暖かいかも？と思って走ったらそれが気に入ったのか、それ以来ウォーキングからジョギングに切り替えました。

走り始めは呼吸が苦しく、息が整うまで一周くらいかかります。二周目に入る頃ようやく苦しくなくなり、気持ちにも余裕が出てきます。いつの間にか変わっている景色を見たり「この分だと今日は四周まで頑張ってみようか」とか、ちょっと考えごとをしたりできます。三周目の半分を過ぎる頃から足の裏が痛くなってきて「もうやめて歩こうかな。そんなに頑張らなくてもいいかな」と思い始める。でも、もう一方で「そんな根性なしでどうするの」と叱咤激励する自分もいます。なんとか自分をだましながら三周目を終える頃には、二周目で考えていた、四周にチャレンジするという考えは影をひそめてしまい、三周でおしまいになってしまいます。やっぱり自分は根性なしなんだとつくづく思います。

このところ雪が降って運動公園の周りは凍っていて走れません。早く暖かくなって欲しいものです。今年一年をかけて、四周目頑張りたいものです。

二〇一八年一月

自分らしく生きる

待井　園己

早いもので、りんご学園に来て丸二年が経ちました。

先日の全体会議で「自由に　自分らしく　自然に生きる」というお話がありましたが、本当にそうなりたいと思いました。

今まで何をするにも他の人がどう思うか？　自分がどう思われるか？　嫌われたくない。いい人でいたい。だから、誰かにちょっと冷たい態度をとられると、私が何かしたのかな？と訳も分からず一人で落ち込んでしまうこともありました。そうやってずっとまわりの目を気にして生きてきました。

でも、そんな自分とはもう決別したいです。そして、第二の人生を思いっきり楽しみたいです！　そう、今回のお芝居の「そのみ」の台詞のように運命に愛されてみたいです。本当にそうなったらいいなあって思います。

施設選び

二〇一八年一月

柳原 四志子

私事ですが、昨年親戚の方が二人、老人ホームに入居されました。直接お話しする機会はありませんでしたが、それぞれ家族会議が何回も行われ施設を選ばれたようです。私はこれまで受け入れる側でしたので、あらためて家族の立場になり考えさせられました。

一人は視力がほとんど見えなくなり、入居となりました。家族が選んだ施設は、料理が自慢といわれている所でした。視力以外は耳が遠くなっていることぐらいで、ハッキリした頭の良いおばあちゃんで問題ないように思われていたのですが、数か月後、経営者が変わってしまい質が落ちてしまったそうです。肉など小さくカットしてもらうのにもお金！薬を介助してもらうのにもお金！と、家族としては予定していた額より上がってしまったと愚痴っていました。

もう一人は、息子が二人、東京と長野にいるため平等に！と高崎に行かれました。「すごい所」と見学に行った話を聞きましたが、プールでリハビリ、プレイルームありのホテルのような所だそうです。知り合いもない所で、さみしくなって帰るなんて言うんじゃないかと心配していましたが、本人はおしゃれになり、服がないとか、どんどん明るくなっているそうです。家族としては本人のお金だけでは足りず、息子たちが援助されています。金銭面では大変そうです。

他の施設の良い所、悪い所、いろんな話を聞く機会が増えましたが、りんご学園は家族の立場から見ても良い所だと思います。私たちスタッフはどんな方が入居されても、それに対応できるスキルを見に付け、ゆとりをもって介護ができるように、メンバーさんはもちろんですが、家族の方にも安心して信頼していただける施設を目指し、努力していきます。

二〇一八年二月

春の到来

松本　和子

近頃の空の色はパステルカラーになりつつあり、だんだんと春の色になってきています。厳しかった冬がようやく終わりになってホッとしています。冬がくる前は雪かきどうしようと心配していましたが、雪がそんなに降らなくて楽な冬だと思っていました。ところが今まで経験をしたことのないような寒さのため、水道が凍ってしまった時は頭を抱えてしまいました。家のことは主人が全部やってくれていたのでどうすれば良いか分からず、ただ茫然とするばかりでした。ともかく業者さんを探し見てもらったところ、凍結防止帯が劣化していて機能していなかったようでした。すべて新しく取り替えてもらい直ったかと思ったら、今度はお風呂場の排水口が凍ってしまっていて、水が排水できないという踏んだり蹴ったりの冬でした。主人のありがたさが良く分かり、あらためて心から感謝しました。

そんな冬ももう終わりです。空の色もそうですが、庭の掃除をしていて落葉をのけると水仙の芽が出ていたり、早咲きのクロッカスの花が咲いていたりと確実に春が近いことを感じられます。

　冬眠中の熊みたいな生活が終わり、庭仕事をしたりちょっと近場までドライブに出かけたりと、いろいろやりたいことを考えると気持ちが明るくなってきます。早速バラの剪定をしてみました。去年の秋から伸ばしてしまって手入れをしていなかったので、パチパチと惜しげもなく切りサッパリとしたバラを見ていると心が軽くなったような気がしました。これから肥料を施し消毒をすると、五月にはきれいに咲いてくれるか楽しみです。

　いろいろあって立ち直れるのかと思った時期もありましたが、春の明るい陽に救われるんじゃないかと思っている昨今です。

正しい言葉づかい

二〇一八年二月

岩本　小夜香

寒い寒い冬もあと少しで終わり、確実に春が近づいているのを感じる今日この頃。今日は長男の小学校生活最後の参観日がありました。教室には「卒業式まであと十二日」の文字が……。春はなんだか気持ちがワクワクする季節でもあり、別れや出会いの季節です。楽しいような、悲しいような、複雑な春を迎えようとしています。

春に関連して、新社会人となる人が増える世の中ですが、まさしく、よくいわれる新人研修で挨拶が教えこまれる時期です。りんご学園でも、先月の全体会議で挨拶についてのお話がありました。そして、正しい言葉づかいも。私はケアマネの仕事をしている中で、よく他事業所さんへ行くことがあります。そのなかで、やはり挨拶の仕方や話し方等で「ここは良い事業所だ！」「ここはちょっと……嫌な感じのする事業所だな」と、思ってしまうな……ということに私自身気が付きました。自分が外から入っていく外部者なので客観的にみれますが、ふとりんご学園のスタッフ、そしてりんご学園全体を外から来た方たちにどう思われているのだろう……と、不安になりました。スタッフとその施設に入っている方と仲良く、信頼関係があるといっても、スタッフから友だちのように話しかけられたお年寄りの家族からみたら、気持ちはどうなのか？　やはり、自分の親になれなれしく話しかけられているのは良い気持ちはしません。

りんご学園もスタッフとメンバーさんの間はしっかりとした信頼関係ができていると私は思いますが、そこは相手を思いやり、敬い、尊敬する気持ちを込めた言葉づかいで話すことが大切だと私は思います。そのような話し方をしていれば、外から来た事業所の方にもきっと驚かれると思いますし、そして何よりご家族が自分の家のおじいちゃん、おばあちゃんは大切にされているんだという気持ちになっていただけるのではないかと思います。

ご家族は、施設に入居させることを始めはとてもとまどい悩みます。家にいるのは限界だけど、施設に入れるということはいけないことではないだろうか……と葛藤されます。そんなご家族のためにも、私たちが正しい言葉づかいでメンバーさんに接することで、ご家族は安心され、りんご学園で大切にしてもらえているんだ、という気持ちになっていただけないといけないと思います。そのためにも正しい言葉づかい、挨拶の仕方は大切だとあらためて感じ、自分自身も毎日気を付けて仕事をしようと思いました。

二〇一八年二月

実践

柳原　四志子

毎日毎日、時間の経つのが早いと思っていましたが、特に今月はもう月末になってしまい、びっくりです。

一月の全体会議でお話があった「挨拶、言葉づかい」については、毎日午後のミーティングで声かけの復唱を行い、気を付けながら仕事をしています。言い慣れない言葉もあり、思わず自分でも笑ってしまうこともありますが、他のスタッフも気を付けているんだなと感じることも増え、いい雰囲気になってきていると思います。

先日、視覚障がいについて体験学習をみんなで行いましたが、分かっていたつもりでいたことも、目隠しをして実際行ってみると、手の握り方ひとつで不安定になったり、居室から食堂までの距離感がいつもと違ったり、イスに座る時にも思っていた以上に難しいことが分かりました。スタッフ同士でも少しずつやり方、声のかけ方が違うことも分かりました。

今回は「視覚障がい」についてでしたが、他のテーマでも実践してみることもいい勉強になると思います。メンバーさん一人ひとりに合った介護をスタッフが統一して行うことで、質の良い介護につながるのではないでしょうか。

一日八時間の業務には、休むことなくやることがたくさんあります。常に気を配り一つひとつ丁寧に行うことが、メンバーさんの体調の変化に早期対応できる方法だと思います。スタッフ同士良いところは見習って、質の向上に努めたいと思います。

気分転換

二〇一八年二月

唐木　美代子

最近、生け花に向き合う時間が少なくなってきた。久しぶりに研修会に出席し先生の講義を聞いて、忘れかけていたものを思い出したような気がしました。それは、主となるものを決める時、一番美しく輝いて見えたものを生ける。その日は、オレンジのバラがとても良く、青色の小さな花、ライムポトスの黄色、椛の花の取り合わせでした。自然と手が動き生けることがとても楽しかったです。同じ花材で生けても枝ぶりで違う作品ができます。先生が手直しされると枝一つひとつが生きた感じになり、短い時間にひとつの世界が花器の中に生まれるのです。

非日常ですが、心が豊かになった感じで、家に帰ってからも眺めて気持ちを落ち着かせています。その時間を作る段取り「食事のメニュー」「洗濯」「掃除」一週間前から計画的に行動し、当日の体調をピークにもっていくように考えています。以前は自然にできていたと感じていましたが、考えて行動する、用心深く慎重になり始めています。

仕事場でも休日で気分転換できた時は、段取りも良く、気持ちよく動いて頑張る意欲が出る感じがします。また、丁寧な言葉づかい、挨拶は気持ちよく相手に伝わるように心がけたいと思いました。

スタッフ同士でも間違った言葉づかいは、その場で指摘し改善できる方向で前向きに考えています。

二〇一八年二月

生きるということ

飯島　大地

気がつけばもう三月。日中も晴れている日は暖かく感じられるようになり、もう春はすぐそこでしょうか。

はじめに、二月十日、Mさんが息を引き取られました。ご冥福をお祈りします。りんご学園に入居された時の、あの口を大きく開け、いつでも笑顔のMさんを思い出します。そしていつでもありがとうと口にすることが多いMさんでした。自分が思うように体が動かない時も、頑張れMさんといつも自分でそう言い聞かせていて、どこか力強くも見え、その姿に元気をもらっていました。最近では名前も覚えてくださって、「だいさん」と呼んでくれていました。夜勤に行くといつもご苦労さまと声をかけてくださっていました。

二月十日、その日はちょうど夜勤でした。出勤すると、いつもはあまりなかった声を出されていました。でもその声はどこか苦しそうで、辛そうでした。その言葉は、数をかぞえたり、主治医の先生ありがとう、〇〇さんありがとう、などありがとうとずっと言っていました。そして自分が一番心に突き刺さる言葉が、亡くなる一時間くらい前でしょうか、見回りに行って少しでも水分を摂っていただこうとした時に、Mさん大丈夫ですか？と声をかけると、楽になりたいです……と。その言葉を聞いた時に何も言えない自分がいて、ただ苦しそうなMさんを見ていることしかできなくて悔しい自分がいました。そしてその三十分後に静かに息を引き取られました。ただただMさんの手を握ることしかできませんでしたが、その姿はいつものMさんでした。

そして、訪看さんに来ていただいて、最後の看取り、エンゼルケアも一緒にやらせていただきました。りんご学園で働くようになってから何人かのメンバーさんを見送ってきました。ですが、今回のように間近で看取りをさせていただいたのは、Mさんが初めてでした。正直、目の前の現実を受け入れられない自分もいて、涙をこらえるのに必死だった気がします。でも最期まで頑張ってくださったMさんの前で泣くのは違うと思い、いつもと同じように接しました。それが今自分にできることだと思ったからです。

Mさんには生きるということ、どうやったら悔いのない人生といえることができるのだろうと考えるようになりました。そのことをあらためて思い出させてくれたMさんには感謝の気持ちでいっぱいです。

二〇一八年三月

長男に、子供たちにありがとう！

岩本　小夜香

春になりました。寒い冬が、長かった冬が終わりました。最近は、暖かい日も続き、杏の花や桜のつぼみも成長している様子が、毎日ワクワクさせてくれます。早くお花見に行きたいな……と思う毎日です。

成長といえば、我が家の長男がこの三月、無事に小学校を卒業することができました。とても嬉しいような、寂しいような……複雑な気持ちです。もちろん、成長して大きくなった我が子を見るのはとても嬉しいのですが、段々に親離れしていく寂しさも感じました。

うちの長男の話を少ししますと、長男は人一倍甘えたがりな子です。でも、それをあまり周りには知られたくないようで、変にしっかりしてしまう子なんです。うちは年子で子供ができたので、長男はまだ赤ちゃんでたくさん甘えさせてあげないといけない時期に次男ができ、長男をしっかり見てあげられなかったように思います。もっといっぱい長男との時間を作ってあげれば良かった……と、今さらながら後悔していることもあります。それでも親に似たのか（?）しっかりした子に成長してくれて、本当に感謝としかありません。私の子育てでは、こんな風にならないのでは?と思うほど、周りのみなさんからよく言ってもらえる長男は、私の自慢の息子です。中学の制服を着た長男を見た時、ちょっと涙が出てきそうになってしまいました。大きくなってくれて、しっかり成長してくれてありがとう!と言ってあげたい気持ちになりました。

この春休みも私は仕事があり、どこにも遊びに連れて行くことができないけれど、そんな私のために家の手伝いをしてくれる子供たちに本当に感謝しています。私が子供たちを育てているのではなく、子供たちに私という人間を育ててもらっているんだ、と日々実感しています。仕事ができる環境を作ってもらえている家族に感謝です。

長男もこれから中学、高校、社会へと成長していく中で、いろいろなことを学び、経験し、そしてたくさんの人に出会い、人生豊かにこれからの日々を過ごしていってもらいたいな、と思います。

母は、その横で一緒に時を過ごし、気持ちを共有しながら、これからの日々を過ごさせてもらおう!と思っています。子供と一緒に良い人生を歩んでいきたいと思います。

家族のキズナ

二〇一八年三月

柳原　四志子

Tさんが入居して一か月になります。入居初日、私が夜勤担当でした。居室に挨拶に行くと「こんなに遅くによく来たな、ありがと、ありがと」とおっしゃっていたため、完全に誰かと間違えているようでした。夜中、物音に気付き廊下に出てみると、四つん這いになり、這って移動していました。

他のスタッフの夜の報告を聞くと、何の問題もなく良眠されている様子で、なぜ?と不思議でした。二回、三回と夜勤を行いましたが、コールは連打され、大声で「かあちゃん」と叫ばれ、一晩に三回もベッドから降りるなど活発に動かれ、便秘かと思いカンチョウをしてみたり、薬を飲んでもらったり対応してみましたが、なぜ、私の時だけ??

それが前回の夜勤で「かあちゃん」と聞こえていたのが、私を見て「Kさん」とお嫁さんの名前で呼ばれました。私はTさんの嫁になっていたのです。ケアマネによると、お嫁さんがとにかく家で大変だったと説明してくれました。

Tさんに限らず、メンバーさんは施設に入られたことで多かれ少なかれストレスを抱えており、家族に似た私を見て自己が出てしまうんだなと感じました。他のスタッフも私とTさんの状況を見て驚いていましたが、理由が分かりましたので協力してくれます。とても助かっています。

まだ入居一か月、毎日夕方になると「今日はお泊り?」と食堂でみんなに聞いて歩いているTさんです。

高齢になり止むを得ず施設に入られる方は、家族のいないさみしさがどれほどかと思い知らされます。本人のストレスを少しでも軽減できるよう努力していきたいです。

二〇一八年三月

言葉と共に

新井　理恵

三月、東京ビックサイトで行われた介護展「ケアテックス」に行かせていただきました。第四回の開催となり、その規模も年々大きくなってきています。介護用品や介護に関する展示がたくさんあり、全国から多くの方々が訪れ、会場はとても賑わっていました。会場内を歩いてまわるだけでも、介護業界で定着している大きな企業から、素敵なアイディアをもってこられた地方の小さな会社まで、たくさんの刺激を受けました。

私も含め、「介護」という大きな括りの展示会に集まっています。出展されている方々も介護を知り尽くしていますという雰囲気の方や、介護のことはまだまだ分からないけれど、このアイディア商品を知ってほしい！という方などさまざま。性別も年齢も、普段生活している場所も、お仕事の内容も立場もみなさん違います。そのなかでいくつかのブースで商品の説明を受けたり、お話をする機会がありました。みなさん丁寧にお話をしてくださいましたが、言葉もさまざま。使う言葉は本当に大切だとあらためて感じました。大きな展示会だから、大きなお仕事だからといって、急に別の自分にはなれませんし、普段の自分が使う言葉は隠せないものだと思いました。いくらいい商品だと説明を受けても、使う言葉にひとつ違和感を感じてしまうと、その方の普段の介護、りんご学園のメンバーさんと同じ立場の方々に対する想いは違うのだろうなというところまで思ってしまいます。その反対に、ひとつの言葉が温かいだけで、その方が大切に想っているところまで分かるような気がしました。

りんご学園で自分達が使う言葉について考えながら過ごしている分、外に出た時に、今まで見えなかったことが見え、自分でも考えるようになりました。この展示会で新しい商品や情報などの目に見えるものだけでなく、使う言葉という目に見えないけれど何より大切なものについてまで感じることができたことは自分にとって大きな勉強となりました。

これからも引き続き、自分の使う言葉と共に前進していけるよう過ごしていきたいと思います。

二〇一八年四月

強い心

新井　理恵

三月三日から松本市美術館で開催される「草間弥生　ALL ABOUT MY LOVE　愛のすべて」に行ってきました。草間弥生さんが生誕した松本でのオリジナル展覧会、過去最大の作品数になるそうです。

緑いっぱいの入り口を入って行くと、多くの人で賑わっていました。すべてが水玉で作られているような外観、中に入ると水玉に案内されながら進んで行くような感じ。大きなYAYOIちゃんと水玉犬のトコトンにお迎えされ、展示室へ進んで行きます。そこには幼少期に描かれたものから、最近の作品まで、数多くの作品が展示されていました。絵はもちろん、映像だったり、目で見るものだったりと、すべてが一人の方の作品とは思えないような、弥生さんの世界でした。使う色も絵の雰囲気も、その時の想いによって随分と変わります。その中でずっと変わらないものが、やっぱり「水玉」です。弥生さんが作品を製作していくことは、恐怖する幻覚や幻聴から身を守るために、作品全体を水玉で埋め尽くす儀式でもあるそうです。その水玉に守られながら、前に進んでいくパワーを感じました。そして、カラフルな絵の中には「戦い」も感じますが、「愛や平和」をたくさん感じます。

変わらないものがある中で前に進んでいく、表現をしていく。強い心がないとできることではありません。素敵な世界を訪れることができました。強い心のいろいろな表現の仕方をみることができたからです。

私も、変わらないものを大切にする中で、今の自分ができる精一杯のことを考えたり行動ができることを目標として前に進んでいきたいと思いました。展示期間中、もう一度行ってしまいそうです。

二〇一八年四月

プラスの言葉がもつ力

町田 友美

もうすぐ四月が終わろうとしています。会長の言われるような正しい言葉づかいが、だんだんと定着しているりんご学園です。いつの間にか、誰に対しても優しく接することができているような気持ちがします。

優しい言葉が行き交うと、不思議なことに毎日の苛立ちもなくなり、焦って家事をすることも少なくなってきました。メンバーさんに対しては、普段からプラスの言葉で接するように心がけています。他者からの言葉がけひとつで、気分が明るくなることが多いと思うからです。

私自身、プラスの言葉の効果で助けてもらうことがたくさんあります。プラスの言葉はどんなシーンでも有効だと思います。

私の小さな甥っ子たちも、言葉ひとつでスムーズに食事についたり、遊びを終わらせたり、お昼寝ができたりするようです。普段うるさいくらいの子供たちですが、言い換えると「元気があって生き生きしている」。生命力あふれる姿に、私もいつの間にかエネルギーをもらっています。

春、草木が新芽を伸ばす頃、人は活動的になり、外に出る機会がぐんと増えますので、より一層言葉づかいには気を付けていきたいです。

そして話す相手のことを思いやれるような言葉がけができるよう、毎日の言葉一つひとつを大切にしていきたいと思います。

二〇一八年四月

私の叔母

宮田　知子

私の父親は、四人の弟と二人の妹の七人弟妹の長男でした。父と三人の弟、一人の妹も亡くなり、今は弟と妹の二人が残っているだけです。その父の妹である叔母は今年で八十歳で、四十年前に旦那さんが亡くなり、子供もいないので東京で一人暮らしをしています。

先日、リフレッシュ休暇を利用して会いに行って来ました。一年前にペースメーカーを入れる手術をしたのですが、なかなか行くことができず気になってはいたのですが、顔を見て話すことができて少し安心しました。今は要支援1でデイサービスを利用しているとのことです。何かあったら……と思うととても心配で、家に来て欲しいと伝えましたが、献体として病院に登録してあるとのことで、何かあっても病院ですべて終わってから骨で送られて来るそうです。その後はお願い、と言われとても悲しくなりました。

二〜三年前に献体として病院に登録するので了解をして欲しいと言われたことを思い出しました。何も知らずハンコを押したことを思い出しました。臓器バンクかと思っていたのですが、献体の意味を調べ、本当に良かったのかと後悔しました。北海道に住む叔父にも了解してもらってあるが、泣いていたそうです。自分の最後を人の役に立ってもらうということは、とても良いことだと思います。

私も人の役に立てるような人間になりたいと思います。

判断ミス

二〇一八年四月

柳原　四志子

今年も四月のお花見が行われました。今回は一日で、車イスのメンバーさんもできるだけ参加できるように計画し、私は当日軽トラで出勤して車イスを運び、公園の桜の木の下で散歩を楽しみました。

たまたま前日の日曜日はとても良い天気で、朝食時お花見の話をしているメンバーさんを目にしました。イベントに参加する、しない……の判断は、スタッフが相談して決めていますが、今回始めからKさんは目が見えない！と誰もが思っていたため、参加メンバーからはずれていました。これは大きなミスだったと思います。

朝食時にそれに気付き、朝のミーティングですぐに相談しました。日曜日であったので、業務変更が可能だったためスタッフ二人とKさん、Tさんの四人で森までドライブに行くことができました。

Kさんに「お花見に一緒に森までドライブに行きませんか？」と話すと、すぐに「いいの、連れて行ってくれる？」と喜ばれ、嬉しそうな声が忘れられません。Kさんをおいて行かなくて良かったと思いました。その後「見えない私なんかより、他の人のほうがいいんじゃない」と気をつかっていましたが、車の中でもしゃべりっぱなしで「雨宮ですよ、森に入りました」と声をかけると、昔を思い出してお宮があったとか、農協があったとか、見えない目で外を眺めていました。

もし、本人に確認せずにお花見に連れて行かなければ、目が見えないから仲間に入れてもらえなかったと疎外感でいっぱいになったと思われます。

メンバーさん全員に喜んでいただくことは難しいですが、私たちの判断ミスで楽しみを奪うことのないように十分検討していきたいです。

二〇一八年四月

今の自分を受け入れよう

待井 園己

今月、体調不良で三日休んでしまいました。ご心配とご迷惑をおかけしてすみませんでした。

でも、あらためてりんご学園のスタッフの温かさに涙が出そうになりました。素敵な仲間がいてくれて、本当に良かったと思いました。本当に感激しました。何度「ありがとう」と言っても足りないくらいです。

それと同時に、自分も歳をとったんだなぁ……と実感しました。娘たちに「もう若くないんだから！」と常に言われてはいましたが……。今まで「そんなことはないぞ！」と否定し、歳をとった自分を認めようとしませんでした。

でも、今後は今の自分を受け入れて、しっかりと体調管理もしなくては……と思いました。自分が元気でないと人生楽しめないし、やりたいこともやれないですから。素敵に歳を重ねていこう！と、やっと思えるようになった今日この頃です。

二〇一八年四月

懐かしい記憶

松本　和子

四月二十一日にお寺さんの大般若会に行ってきました。お坊さん十二人で般若心経を唱えながら、大般若経六百巻を転読するもので、蛇腹の般若心経をアコーディオンのようにバラバラとしていました。あのようにして転読しているんだと感心してしまいました。不思議と読経の中にいると、意味も唱えることもできないのですが、心が落ち着くといいますか、身体の中が読経で一杯になっていくような気持ちがしました。

このお寺さんでは年二回の法会があるのですが、法会が終わった後さまざまな催し物があります。今回はアルパの演奏会とかっぽれがありました。アルパはイグアスの楽器です。懐かしい音色と曲名に一気に四十年も前のことを思い出しました。暑いアスンションの飛行場に降り立った時のこと。ジャングルの中にあった日本人の街。木造平屋建ての日本人学校。赤茶けた舗装されていなくて、バスやトラックが通るたびにほこりがもうもうと立つ道路。雨が降る前になると家の中の壁一面に這っていたアリの大群。今話題のヒアりに噛まれてしまった時の痛み。言葉を覚えたくて一生懸命だったこと。あまりに日本の生活とは違うことにカルチャーショックを覚えながら、決してイグアスの生活が嫌いではなかったです。時々高いお金を出してでも食べたくなるパパイヤやマンゴーは、この時に覚えた味です。

長い年月が経ちあまり思い出すこともなかったのですが、三十分くらいの演奏会の間に本当にさまざまなことが思い出されました。いつかまた行けたらいいなと、それを目標にこれから過ごしていこうかなと思いました。いい時間を過ごせてもらい楽しかったです。

昔の記憶

二〇一八年五月

岩本　小夜香

さわやかな五月もあっという間に過ぎ、梅雨に入ろうとしている今日この頃。なんだかパッとしないお天気も続きます。暑かったり寒かったり、花粉なのか黄砂なのか？　くしゃみや鼻水、目のかゆみも続いており、私の身体もパッとしない状態が続いています。早くしっかり睡眠とれないかなぁ……と思う日々です。

五月の連休に、ＴさんとＥさんと一緒に野球を見に行かせていただきました。雨も降っており、当日の朝までどうなんだろうかと心配されましたが、全員の晴れパワーで大丈夫でした！

はじめはＴさんもＥさんも「そんな遠くまで行っていられない」「長い時間は無理」とおっしゃって、行かれなかったらどうしようという心配もありましたが、みんなの協力もあり、いざ出発！　スタジアムに着くと、心なしかウキウキしてきたのは私だけではなかったようで……Ｔさんも「大きいねぇ」「すごいねぇ」と興奮してきているのを感じました。

野球場を目の前にすると、パッと昔の記憶がよみがえってきたようでしたね。息子さんが高校生の頃、きっと一生懸命お弁当を作ったり応援に出かけたりしたんだろうな、と思うほどTさんの生き生きとしたお顔。Eさんもご自分の昔を思い出され、野球の生の音を聞いて喜んでおられました。Eさんは普段耳が遠く、なかなか会話にならないことも多いのに、少し離れているボールの当たる音は分かるのだな……なんて思ってしまいました。それだけ昔の自分に戻れた時間だったのではないでしょうか。

私も今、子供達の試合のため、朝早くからお弁当を作ったり、応援に出かけたりしています。毎回毎回とっても大変ですが、それも今だけ……なんですよね。今だけの時間を精一杯生きることで、歳を取った時の記憶に残るのかな、と思います。

一分一秒を大切にして将来、あの時良かったな、と思える出来事をこれからたくさん作っていきたいと思います。

メンバーさんには昔の大切な時間を思い出していただけるような、そんな心配りをしていきたいな、と思いました。

二〇一八年五月

親として……

待井　園己

長女が就職し、二か月が経ちました。看護師、保健師、助産師の資格を同時に取れたので、春から念願の助産師として働けるものだと思っていました。が、今年は腎臓内科の病棟に勤務しています。毎日が勉強で、課題もあるらしく、娘の口から出る言葉は「課題やらなきゃ」「もう疲れた」「明日、また仕事だぁ」などなど。「今日は先輩に怒られた」なんて聞いても親としてかけてあげられる言葉は「今は踏んばれ！　頑張れ！」だけです。

そんな私も若い時、看護師になろうかと思っていました。でも、看護師になるのを辞めました。今思えば、辞めた理由が本当に馬鹿だったなぁと。夜の病院が怖かったからです。病院はよく心霊現象があると聞き、怖くて自分には無理だと思ったからです。霊感が強くて霊が見えるとかではありませんが……。それがこの歳になって介護士として病院でも夜勤をしてきたのですから変なものです。

一度は自分も志した道で頑張っている娘を応援し続けていきたいと思います。

二〇一八年五月

やりがいとは

飯島　大地

先日はレポートのグランプリをいただいて、本当にありがとうございました。今回は自分の中でも賞はないかな、と思っていたのでびっくりでした。いつも書き出すといろいろ書きたくなってしまい、いつもうまくまとまらなくなってしまうのが悩みというか……。

つい一週間ほど前でしょうか。久しぶりに高校の同級生何人かと飲み会がありました。あれ？　誰？　ってくらいに変わっている友だちもいたり、高校卒業してからまったく会っていない人もいて、また高校生に戻ったような感じで新鮮でした。そこで仕事の話になり何の仕事をしているの？と聞かれ、介護と答えました。そこで何人かの友だちがよくやっているね、俺には絶対無理あんな仕事……などやっぱりまだまだマイナスなイメージがあるということにショックだったというか、何とも言えない気持ちになりました。でもその時に思うことがありました。たしかに大変なこともあるけれど、大変さとかなんて本当に分かっているの？　どこをどう見て大変って言っているの？と疑問も生まれました。

だってそれは介護というものの中の大変な部分しか見ていないからそういうイメージしかないのではと思いました。何か小さなことをしてありがとうと言ってもらえることがどんなに嬉しいことか、こんなにいい笑顔が見れることとか、介護の仕事をしている人にしか分からないこともたくさんあるのにと心の中で思いました。

それだったら大変だと思われても介護の仕事を選んだ自分は間違ってなかったのかなと思いました。辛いこと、大変なこともちろんあります。ですが介護の仕事をしていないと味わえない、楽しいとか嬉しいとか、幸せを感じることができる今の自分を幸せに思います。やりがいとか、この仕事をして良かったと思えるものを見つけることは、とても大切だとあらためて思いました。

二〇一八年五月

ん？ 変わった？

松本 和子

近頃「ん？ 変わった？」と思うことがあります。以前は車を運転している最中に無理な追い越しをされたり、急な割り込みをされると心の中で悪態を吐いていたのですが、いつの頃からか追い越しや割り込みをされても「どうぞ、どうぞ」と思っている自分がいます。トラックの後になると「あ～あ、またトラックがいる」だったのですが、今はトラックの後になってもイライラすることもなく車を走らせています。

どうしてこんなにゆったりとして穏やかな気持ちでいられるかと考えると、りんご学園で「美しい言葉づかい」を実行しているからではと思っています。常にメンバーさんに丁寧でゆっくりと話すことを心がけているうちに、自分の心もいつしかゆったりとしてちょっとやそっとのことでは心が波立つこともなくなったのだと思います。会長のおっしゃるように使う言葉によって人は変われるのですね。この次は立ち居振る舞いにも変化が表れると良いのですが。

二〇一八年六月

寝たきりにはならない

柳原　四志子

今現在りんご学園に入居されている方で、自力で歩行されている方は半分以下です。骨折のため車イス生活になられた方、脳梗塞で倒れられマヒが残ってしまわれた方、高齢により足腰が弱くなり車イスで生活されている方、寝たきりになり不自由な生活を送られている方がほとんどです。

「人生百年」といわれている今、自分らしく生きるため一生を健やかに、豊かなものにするためにできることは「寝たきりにならない」「自分の足で立ち上がりたい」「自由に散歩をしてみたい」「トイレには自分で行きたい」「好きな物を食べたい」とみんなが思っていることだと思います。そんな望みを少しでも可能にするために、特別なことをするのではなく、毎日の生活の中でできることから始め、一日でも一時間でも長く自分らしい時間を過ごしていただけたらと思います。

朝起きた時には、お手拭を使い自分で顔を拭き、腕の上がる方は自分でブラシをかける。

ちょっとしたことですが、手の力が衰えないようにいつまでも自分で食事を食べられるように手を動かすこと、自分でトイレに行かれるように、ベッドから車イスに移乗する時もきちんと靴を履いて足を床につき立ち上がる。ベッドに座るだけでも身体のバランスをとるリハビリにもなります。居室で一人で食事をするのではなく食堂に行き、会話をしながら楽しく食事をしましょう。

普通の生活の中で、立ったり座ったり身体の衰えを防ぐことはできます。ベッドの上で過ごす時間を減らし「人生百年」少しでも長く、自分らしく過ごしていただきたいと思います。

二〇一八年六月

自分と相手

新井　理恵

ふと、メンバーさんのことを思う時があります。りんご学園にいる時はもちろん、自分がどこかに行った時、景色を見た時、音楽を聴いた時、食事をしている時。楽しい気持ちの時にも、少し悲しい気持ちの時にも。本当にふとした瞬間です。りんご学園で過ごされているメンバーさんや、今はいらっしゃらないメンバーさん、その時その時に違った方のことを思います。これからのことを考えたり、懐かしいなと思い出したりします。その瞬間のおかげで、心が落ち着く時間ができたり、あの時お話してくださったことの意味が、やっと少しずつ分かってきたなと感じられることも出てきました。

なんだか不思議だなぁと思います。考えることも、思い浮かべることも自由なのに、いつもふとした時に思うのです。そして思っている時は、嬉しさも感じます。

私が一番幸せだなぁと感じるのは、自分のことを思ってくれる人がいるということです。「げんきかな」と思ってくれることも、「一緒にこんなことをしたな」と思い出してくれることも、顔だけ思い浮かべてくれることも、自分のことを何かの瞬間に思ってもらえることが幸せなことだと思っています。忘れられていくことは簡単ですが、考えたり思い出してもらえることは、忙しく過ごしてしまう毎日の中で、そう多くはないと思うからです。

自分と相手との大切な結びつきを感じます。私も思ってもらえる存在になれるよう、そしてふと思って嬉しさを感じてもらえるような自分になれるよう、メンバーさんからたくさんのことを学ばせていただいていきたいと思います。

二〇一八年六月

笑顔でいること

飯島　大地

いよいよ夏本番になり、夏祭りまで一か月を切りました。自分も楽しむつもりでメンバーさんとまた楽しい思い出を作りたいと思っています。

先日友だちが仕事をしている知的障がい児通園施設のお楽しみ会のようなものに、ピアノを演奏しに来てほしいと頼まれ行ってきました。そこにはダウン症の子をはじめ、自閉症、発達障がい、さまざまな症状の子たちがいました。そこで自分が施設に行かせていただいた時に、玄関でその友だちと一緒に出迎えてくれた一人のダウン症の男の子がいました。まだ三歳ぐらいでしょうか。最初は見知らぬ人に戸惑っていて何も喋らず固まっていました。そこで私は笑顔でこんにちはと挨拶してみました。するとその子は笑顔で抱きついてきてくれました。その笑顔はとてもきらきらしていて今でも鮮明に覚えています。

その時にふと思いました。やはり笑顔は無言のコミュニケーションであり、世界共通で笑顔は人を幸せにしてくれるものであると、あらためて思いました。どんなに障がいがあっても、どんな病気でも、誰でも笑顔は作ることができて、自分が笑顔でいればきっとまわりも楽しくなれる、そんなふうに思いました。りんご学園のメンバーさんにも同じことがいえると思います。どんなに認知症があっても、こちらが笑顔で話しかけるだけでふと笑顔になってくださったり、体が思うように動かない時でも笑顔で接することができれば、安心感というか、少しでも苦痛というものを和らげることができるのではないかと感じました。大袈裟かもしれませんが、ひとつの魔法のようなものでもあると思います。道具など使わずにたった少し表情を変えるだけでも違うのではないかと思います。

だからこそ、この介護の仕事を始めた頃に、いつでも笑顔介護士になることを目標にしている自分がいました。それは働かせていただいて四年経った今でもその目標に変わりはありません。自分が笑顔でいればまわりもきっと笑顔で幸せになれる、そんなふうにいつも思っています。これからもどんな時でも笑顔、そして大地スマイルを忘れず仕事をしていきたいと思います。

二〇一八年六月

介護と看護

宮田　知子

私の父親は、アルツハイマーと脳梗塞の両方になりました。母も父の徘徊と暴力的行動に疲れきってしまい、ケアマネジャーに相談し、病院に入ることになりました。病院では、アルツハイマーを抑える薬は脳梗塞が悪化する、また脳梗塞の薬はアルツハイマーに良くないのでしばらく入院し様子をみると言われ、入院しました。

一週間後面会に行くと、自分で歩いていた父が車イスになっていました。日中は車イス、ベッドに拘束され、夜は睡眠薬を飲まされ、ベッドに拘束されていたようです。その姿を見て、とても悲しくなりました。またある時は、昼寝をしていると言われ、見ると廊下を這い回っている父を目にしました。また、食事の時はミキサー食を、全部一緒に混ぜられた物を食べていました。病院では介護でなく看護だからあんな扱いをされていたのかなと今思っています。

介護の仕事をして、家族にあんな想いはさせたくありません。人を人として思っていない感じがしました。私は、介護の仕事はもっと温かいものだと思っています。メンバーさん、ご家族に「ありがとう」「良かった」と感謝されるような介護職員を目指し、日々頑張りたいと思っています。優しい声かけ、一人ひとりを敬い尊敬し、寄り添った介護を行って頑張りたいと思っています。

二〇一八年六月

野菜ができました

松本　和子

三月の終わりから始めた菜園で育ててきた野菜が少しずつですが収穫できるようになりました。以前からパクチーやサニーレタスは採れていましたが、今回は夏野菜の代表のトマト、シシトウ、紫キャベツ等かなりの種類が大きくなったり、色づいたりしています。いろいろと失敗はありました。ナスは油虫がついて大きくなりませんでした。Ｉさんに話したら枯れた時のことを考えて二本ずつ植えるように教えていただきました。モロッコインゲンは蒔く量が分からず、一袋全部蒔いたら全部発芽してしまい、支柱を立てるのに随分と苦労してしまいました。

そんな失敗はあっても畑仕事は楽しく、休みの日でどうしてもという用事がない限り必ず菜園に行き、雑草を取ったり水やりをしたりと二時間ほど行っています。水やりは学園から焼酎のペットボトルをいただいてきて使っています。結構便利です。始めは使えなかった鍬も何とか使いこなせるようになってきています。最初は大変と思っていましたが、今ははまっています。ガーデニングとは違った面白味がありました。それこそ定年後の楽しみになるような気がします。

今回「人生百年—自由に自分らしく生きる」というお題を会長からいただき、この野菜作りはひとつの手始めだと思えました。自分が興味をもったこと、やりたいと感じたことは挑戦してみようと思います。歳を取ることは怖くありません。何事にも興味や好奇心を失っていくことが一番怖いことだと常々考えています。ジョギングも続けたい、野菜作りも続けたい、やりたいことはきっといっぱいあるはずですから……。

二〇一八年六月

朝日を浴びて

町田　友美

　私がりんご学園のスタッフになってから今年の九月で四年目に入ろうとしています。介護職に就くのはこれが初めての経験ではありませんが、それぞれ介護度の違う方たちが生活する老人ホームと呼ばれる施設や夜の勤務はまったく未経験でした。

　もともと体力には自信がありましたが、知らないことに足を踏み入れる気持ちは、少しのとまどいと興味が合わさり、今も忘れられません。

　初めてのことは誰でもそうかもしれませんが、緊張感が大部分を占め、一人で初めての夜勤が無事に終わった朝に、心配して少し早めに出勤してくださった理事長にかけてもらった言葉が本当に嬉しかったです。

　夜勤入りの日、玄関先ではメンバーさんの横になっている寝息が聞こえてきそうなほどの静かな気配と、帰宅願望が強いメンバーさんのゆっくりとした足音、遠くの居室からもれているテレビの音、遅番さんの「お疲れさまです」とかけてくれる声の優しさと、記録を記入しているペンの音等で、今日の私の夜勤の心構えが決まってきます。そして一人ひとりの居室へ訪問し、お元気で休まれていることを確かめると、今夜も無事にみなさんが身体を休め、安心して朝を迎えられますようにと願い、私の足が進みます。

明け方の日の出の時間帯で季節を知ることがあります。今は朝が早く訪れ、清々しい空気が気持ち良い夏です。「おはようございます」の素敵な笑顔で、私の気持ちが楽になっています。メンバーさん、そしてスタッフのみなさんに感謝です。

二〇一八年六月

私の母

唐木　美代子

嫁いでもう三十年目になりました。姉弟の中で母と一番長く一緒に暮らしたのが私です。母の中で最初に生まれた長女と跡取りとして生まれた弟の思い出が強かったようです。子供の頃の思い出を聞くと、十歳頃ロープウェーに乗った際に、大声で泣いてガイドさんの声が聞こえず嫌な思いをしたことしか覚えていないと聞かされます。もっと良い思い出ならいいのにと心の中で思いました。

その母が、ひとりで生活するようになって支援が必要になってきました。まず五右衛門風呂からユニットバスに変更すると、タッチパネル操作が覚えられなくて電話で説明しても分からず、夜中に行くわけにもいかないので歯がゆい思いをしました。それから何度も説明しても分からず、説明の仕方が悪いと怒り出します。

また、一升炊き炊飯器から三合炊きの電気釜に変えた時も、タイマーで設定すれば起きてスイッチを入れなくてもいいと説明してもできず、本人のやり方に任せることにしました。

母は、昔から健康に自信がありました。二十年ぐらい前に「めまい」「ふらつき」があり、脳外科で薬を処方していただいた時も、それも予防で飲んでいるだけだと豪語していました。常々、認知症や脳卒中にはなりたくないと公言していました。

数年前に肺梗塞で入院し、それ以降心房細動という不整脈で歩くと息が切れ、二〜三メートルで休みたくなり座るイスが必要になってきています。

週一回デイサービスに行き、おしゃべりすることが楽しみになっています。私と買い物にドライブしますが、食材を探している時の目は輝いています。手作りの草餅、おやきなど手早く薄く伸ばして丸めている姿を思い出します。

二〇一八年六月

ワクワクすること

岩本　小夜香

今年はあまり梅雨らしくない日が続くなぁ……と思っていましたが、ここ数日蒸し暑く、寝苦しい日が続いています。今夜も暑く、エアコンをつけ涼しくしてからレポートを書いています。

今月のタイトルは「ワクワクすること」。今、世間ではサッカーのワールドカップで盛り上がっています。我が家もサッカーをしていた主人の影響か、子供たちも夜ふかしをしてまで日本戦を楽しみにしているようです。「今日は日本の試合があるから早く帰ってきて準備しよう！」と、朝からワクワクしているのが分かります。そこまでではないですが、家族で日本を応援するのも、私の楽しみでもあります。

この時期は、私にとってはまた別の「ワクワク」があります。それは『夏祭り』です。今年も夏祭りまで一か月をきりました。お芝居の練習も毎回緊張しています。後もう何回しかない！と意識し、練習していました。みんなの緊張も伝わってきます。でも、そんな緊張の中でも、スタッフみんなと一緒に一つのものを作り上げる楽しさ、そして夏祭りに来てくださるすべての方にワクワクしていただけるようにという気持ちが、今年はさらに強く感じています。

夏祭りは来てくださった方が「楽しい」と心から思っていただけるようにしたい！という目標があります。それには私たちが楽しむことが大切。でも、その夏祭り当日だけを楽しめば良いというわけではないと思うのです。今のこの準備の段階から、当日に向けて「ワクワク」した気持ちをもって、準備やお芝居の練習を重ねれば、さらに楽しく、より良い夏祭りになるのではないかと思っています。

来てくださるすべての方に楽しんでいただき、また来年も楽しみにしてるよ！と、来年の夏祭りもワクワクして待っていただけるように、今年も精一杯頑張りたいな、と思っています。

夏祭りだけに限らず、人生すべてのことに関して、子育てにしても、仕事にしても、そして生きていくことにしても、「ワクワク」した気持ちをもち、前向きに進んでいきたい！今月、私は一つ歳を取りました。一つ歳を取っても、いつまでもすべてのことに「ワクワク」する気持ちを忘れないようにしたいと思います。

今年の夏祭りもたくさん楽しみたいと思います！

夏祭りを終えて

二〇一八年七月

下村　妙子

第十回の記念すべき夏祭りが無事終わりました。今年は例年にないような暑さが早くから続き、当日は猛暑日となり朝から暑さとの闘いになりました。

私は、今年はチャオでのパーティーの準備の手伝いやりんご学園での留守番が主でしたが、北野文芸座にも行き、売店のお手伝いも少しさせていただきました。当日暑い中、列を作り待ってくださった方がたくさんいたのを目にし、楽しみにしてくださるお客様がたくさんいることにあらためて驚きました。チケットの観覧希望のハガキを見ても抽選で当たるようにといろいろ工夫されているのをみると、どうしても見に行きたいという思いが感じられました。

夏祭りが成功に終わり、お客様みなさん満足され楽しんで帰られたことと思います。

私自身は今年初めてやらせていただいたこともあり、いろいろ自分のためになり、勉強になった年となりました。

二〇一八年七月

忘れない

新井　理恵

今年も楽しい一日が、あっという間に終わってしまいました。りんご学園の夏祭り、たくさんの方々の笑顔を見ることができました。そんな楽しいあっという間の一日を過ごすと、「準備」の大事さをいろいろな場面で感じます。自分も楽しむため、相手に楽しんでもらうため、お互いに安心して任せられるためには、やはり「準備」。イメージして、準備して、またイメージ。まだまだイメージが足りなかったこともあるけれど、今年もたくさん緊張して、たくさん笑った、とても充実した夏祭りになりました。

夏祭りには、お友だちも、大切なお客様も来てくれました。その中で、いつもお世話になっている方がいて、その方のお母さんも一緒に来てくださることになりました。「病気をしていて、体調の良くない時もあるけれど、楽しみにしているから、何とか一緒に行けるようにするよ！」と、四月にチケットを渡した時から楽しみにしてくださっていました。その方のお母さんとはお会いしたことはなかったのですが、年代を越えるようなたくさんのジャンルの音楽が好きで、その方の音楽も大好きで、音楽に囲まれた毎日なんだろうなと思ってしまうような、楽しいお話をたくさん聞いていました。「お会いできるのが楽しみです！」と、私の夏祭りの楽しみにもなっていました。

夏祭りの少し前、「夏祭りに間に合うかな、体調が良くなくて、また入院したんだよ」と、その方は言いました。そして夏祭り当日。お母さんと一緒に、文芸座に向かってくれたそうなのですが、途中で体調が悪くなり、病院へ戻られたそうです。

当たり前にお会いできるものだと思っていました。その後、このレポートを書く数日前、その方のお母さんは天国へ旅立たれました。

りんご学園の夏祭りを楽しみにしてくださっていた想いを忘れず、「たくさんの想いがあって出来上がるもの」を心に、来年も！

二〇一八年七月

一年が過ぎて

松本 和子

りんご学園に入社して一年が過ぎました。最初は前の職場と違っていて戸惑うことが多かったのですが、一年も経つとすっかりりんご学園の色に染まっている自分がいます。物覚えが悪くて何度も同じことを聞いてしまいました。失敗もたくさんありました。その都度さりげなく教えてくれたりフォローしてくださるみなさんには感謝、感謝でした。メンバーさんにも心が癒されたり元気をたくさんもらっています。

先日あるメンバーさんにこんなことを言っていただきました。メンバーさんの手引きをしている時に、私の靴が「キュッ、キュッ」と鳴ってしまうのですが、その音を時には「鈴の音」とおっしゃったり、ある時は「ポックリの音」とおっしゃっていました。その「キュッ、キュッ」という音が聞こえない日は「休みなのかな？ 寂しい」と思うのだそうです。自分としては廊下と靴底のゴムが擦れて出る音は耳触りに思えて、極力音を出さないように気を付けていたのですが、メンバーさんからするとその音は、私という個人を特定できる音であったのでした。トイレ誘導、食堂までの誘導くらいで特別なことをしているわけではないのに音が聞こえないと寂しいとおっしゃってくださることは本当に嬉しい限りでした。ちょっと気難しい方と思い、当たり障りのないように接してきました。反省です。先入観をもってはいけないと思いました。

失敗やご迷惑ばかりかけてきた一年ですが、二年目はもう少し気配りを大事にしていきたいと思っています。

二〇一八年七月

夏祭りを終えて

柳原　四志子

今年もりんご学園夏祭りが終了しました。大きなトラブルもなく充実した楽しい一日を過ごせたと思います。

当日、暑さは覚悟していましたが、思っていた以上の猛暑に加え、お客様の来園の時間がいつも以上に早かったため、受付はてんてこ舞いでした。ウェルカムドリンクを用意したことや丁寧な対応を心がけ、客席の案内ができたことはとても良かったと思います。足の悪いお客様から「座席まで手を引いて案内してもらいありがたかった」とお礼の言葉をいただきました。初めていらした方からは、「受付やったり劇に出たりすごいですね、良かったわよ。来年もまた来ますね」と声をかけていただきありがたかったです。

細かな問題はいくつかありましたが、来年忘れずに各担当者に引き継いでいきたいと思います。

最近、食事介護しないと召し上がれないメンバーさんが増え、留守番スタッフも二人で大丈夫かと心配しましたが、ご家族の協力もあり無事に済みました。生放送も良かったと思います。

今後、今のスタッフの人数では手が足りないと思う時があります。足腰が弱くなり介助が必要な方、ひとりでは食べられない方、車イスで動き回っている方など、どんどん手のかかる人が増え、目が離せない状態です。事故が起きなければいいと思っています。一日中余裕のない状態なので、減らせることがないか業務の見直しが必要かと思います。ゆとりをもって介護したいです。

追伸　ＤＶＤ楽しみにしています。

二〇一八年七月

もうひとりの母

唐木　美代子

　四年前の七月、義母が低血糖で倒れました。思えば数か月まえから症状があり、食欲低下やぼんやりとイスに座っているなど疲れやすく、立ち仕事が難儀になっていました。加齢によるものと我慢強い性格も症状を重くしたのかもしれませんでした。

　義母は几帳面な人で、ゴミの指定日を忘れたことがなく、量が少なくても捨てないと気が済まない。洗濯も雨が降る日でも風が吹いても雪が降っても必ず毎日外に干していました。食材の買い出しも事前にお得な商品をチラシを見てチェックして、一週間のメニューを決めていました。

　六十九歳まで家の近くの工場で働いて、休日には、こごみ、わらび、根曲竹、きのこなどの山菜採りに義父と二人で行くのが趣味。義父が六十五歳で他界するまでよく一緒に出かけていました。若い頃から読書家で、新聞の連載小説や時代小説の単行本を寝る前に必ず読むのが習慣。動いていない時や晩年耳が聞こえずテレビを見なくなった唯一の楽しみになっていたようです。また、編み物が得意で、冬になると「チョッキ」「襟巻」「帽子」「編みぐるみ」干支の動物を器用に編み、歩けなくなると困ると言って散歩に出かけ、知り合いに野菜をいただくと翌日お返しにと編みぐるみをプレゼントし、喜ばれると励みになってまた家で編んでいました。

糖尿病も軽いもので薬の内服や定期的にチェックを受け、上手に病気と付き合っていたと思っていましたが、倒れた時、ちょうど私がいたので救急車で病院に行くことができました。結果、低血糖で意識がなくなったことが分かりました。先生によると、アコリール剤、急激に血糖値を下げる薬で降圧剤も処方されているが血圧も高くないと説明を受けました。二週間ほど血糖値が安定するまで入院となりました。本人は、不眠と頻尿で悩んでいたので薬で症状を重くしたと思わなかったようです。私も反省し、一命は取り留めたけど責任を感じた日でした。三か月後、再度入院。呼吸困難、息切れ、排尿痛などの症状が続くため早く楽になりたいと訴えていました。ただ顔を見て帰る、自分の無力を感じる日々でした。四週間後に慢性心不全で他界しました。

主人といるより長く一緒に過ごしたので、何事にも計画的なところ、料理の味付けは覚えました。良いところを見習い、もう少し働いていたいので、天国で見守ってください。ありがとうございました。

二〇一八年七月

それぞれの人生

待井　園己

私には妹と弟がいます。茨城で生まれ育ちましたが、結婚し、私は長野、妹は熊本、弟はというと……両親を亡くした後もひとり茨城で暮らしていました。が、いろいろな事情から茨城を離れました。それ以来、弟から連絡がくることはありませんでした。

あれから約二十年。私と妹は子育てを終え、第二の人生を楽しんでいるところです。そんなある日、弟から妹のところに連絡があり、脳梗塞で横浜の病院に入院しているとのことでした。妹は今、夫の仕事の関係で東京にいるのですぐに会いに行くことができました。二十年ぶりに会い、変わり果てた弟の姿に、妹もショックを隠せなかったようです。

検査の結果、体の中もボロボロだったようで、いつどうなってもおかしくないとのことでした。けれど、弟との間に過去いろいろあった私は、会いに行くのをためらっていました。それでも……と思い直し、意を決して会いに行きました。それなのに……。見た目は歳を重ねていても、中身が変わらず大人になりきれていない弟に情けない気持ちでいっぱいになりました。会いに行かなければ良かった。今日が今生の別れになっても仕方ないとさえ思いました。

同じ親から生まれてきたのに、どうしてあんな考え方しかできないんだろう……どうしてこうも生き方が違ってしまったんだろう……自分の人生をもっと楽しむこともできたはずなのに……。

人生百年、そんな時代になりましたが、どんな人生を歩むのか、良くも悪くも自分の心がけ次第なのでは？　そして、どんな時も感謝の気持ちを忘れてはいけない。今の弟の姿を見て、そう感じています。

二〇一八年七月

夏祭りを終えて

岩本　小夜香

今年は想定外の暑さの中での夏祭りでしたが、無事に大きなトラブルもなく終えることができ、本当に良かったと思います。個人的な反省としては、お芝居の時、もっと大きな声で話せば良かった、パーティーの流れをスムーズに行うことができれば良かった、などなどいくつかありますが、見に来てくださったお客様みなさんが「良かったよ！」と声をかけてくださったのがとても嬉しかったです。

今回は、「ふるさと」の合唱をすることになっており、練習も積み重ね、本番ではバッチリ歌えるな！と自信があったのですが、いざ本番となると、お客様の前で歌うことで自然と声が震えてきてしまい、大きな声が出せなかったことも反省の一つです。本当に緊張しました。そんな反省点もいくつかありますが、今年もスタッフみんなで協力し、力を合せて頑張った夏祭り、本当に楽しかったです。

以前、会長もおっしゃっていましたが、この夏祭りが最後になるかもしれない、来年は来られないメンバーさんもいるかもしれない、という思いも心の奥にありました。昨年は参加されたメンバーさんも、今年はいない方もいました。そう思うと、今日のこの日を、この一瞬を！ 忘れられない思い出にしていただきたい！！ そんな気持ちを込め「ふるさと」の合唱にも臨みました。

また、今年はりんご学園でのライブ中継。りんご学園にいるメンバーさんやお留守番のスタッフ、当日りんご学園に来たご家族のみなさんにも夏祭りの「楽しさ」が伝わるといいなぁと思いましたが、見事成功！と聞きました。そんなこともあり、今年はこれまで以上にスタッフが一丸となって夏祭りに気持ちをもてたこと、本当に良かったなと思います。

普段、あまりりんご学園から外へ出られないメンバーさんが、夏祭りに何を着て行けばいいかしら？ 娘と一緒に見れるの！ などなど、当日までに楽しみにしてくださったメンバーのみなさん。『夏祭りに行く、出かける』という強くて大きな目標をもち、達成できました。みなさんが楽しみにしてくださっている夏祭りを来年もみんなで頑張りたいと思います！

二〇一八年七月

今年の夏祭り

町田 友美

いつもの年より今年は、より一層のスタッフパワーを感じる夏祭りでした。十五日に無事終了した瞬間、全身から安心感が……。一つひとつの積み重ねが、来てくださった、観てくださったお客様の笑顔につながっていったと思いました。言葉づかいひとつをとっても、表情や態度に表れてくると思います。ウェルカムドリンクがすぐに無くなってしまったと聞き、来年の来場者の方も今年をきっと上回ると思いました。

玄関を通り過ぎ、フロアで順番に並ぶお客様の声が聞こえてきます。「すごい、バイオリンの生演奏なんてめったに聴くことができない」「私、楽しみで毎年来てるの」「今年は特に外が暑かったよ」「平沢先生のお話がとっても楽しみ」「早く来たからいい席とれるね」「劇の稽古はいつしているの」なんて質問も飛び出てくることもありました。みなさん一年に一度のお楽しみに、ご家族やお友だちとお出かけになられているのですね。一緒の時間を私たちも感じることができ、身が引き締まりました。

今年は、りんご学園で当日過ごされるメンバーさんやスタッフへの臨場感溢れるライブ放送も行われ、一体感が生まれた年になり、初めてのことでしたが「よく聞こえたヨ」と申し送りがあった時には嬉しく思いました。本当にすごい……。

当日、チャオからりんご学園へと移動が終了し、メンバーさんが無事に居室に戻られ、一人ひとりの元気そうなお顔を確かめることができ、最後に四志子さんへと報告を終えた時、心から皆さんへお疲れさまでした、と言いたかったです。今年もありがとうございました。

二〇一八年七月

夏祭りを終えて

宮田　知子

夏祭り、細かい反省点は数々あると思いますが、大成功だったと思います。私も充実した一日が過ごせたと思います。会長がおっしゃられていた「適材適所」でスタッフが動けたことが良かったのだと思います。

私は、りんご学園での留守番スタッフとして頑張りました。北野文芸座との実況中継をマイクを通し園内に流すことを初めてやらせていただきました。夏祭りに行くことができなかったメンバーさんも楽しめたと思います。昼食のパンもとても喜ばれていました。暑い一日でしたが体調の悪くなる方が一人も出ず、本当に良かったと思います。

私自身、実況中継は聴くことができませんでしたが、夏祭りの雰囲気がしっかりと伝わってきました。りんご劇団の毎日の練習成果だと思いました。チャオでのパーティーもみなさん楽しく過ごされて良かったと思いました。かき氷も好評でした。

夏祭りのＤＶＤを今から楽しみにしています。来年の夏祭りも頑張って参加させていただいただきたいと思っています。よろしくお願いいたします。

二〇一八年七月

夏祭りを終えて

飯島 大地

第十回夏祭り、本当にお疲れさまでした。家族も見に来てくれましたが、お芝居とても良かったと言ってくれました。自分にとっては四回目の夏祭りでした。そう思うとこの四年間は、とても早くてあっという間に感じました。暑い中でしたが、メンバーさんも体調を崩す方もいなくて本当に良かったです。当日夜勤でしたが、次の日の朝、昨日はありがとう、楽しかったと言ってくださるメンバーさんもいて、その言葉だけで疲れが無くなりました。そして当日、お芝居が終わった後メンバーさんのトイレ誘導をしていると、お客様から、実篤さん良かったよ！ 仕事もあるのによくあそこまでできるね！ 私も一緒にやりたいな！と言ってくださるお客様が何人もいました。本当にその言葉を聞いただけで、あー頑張って良かった、喜んでもらえることはこういうことなんだと実感しました。「苦しいことは一瞬、嬉しいこと楽しいことは倍に」という言葉があるように、そういうことなんだとあらためて感じました。

晶子さんのセリフにもあった「人生には我武者羅に頑張らなければならない時もある」確かに生きていれば辛いこと苦しいことのほうが多いと思います。でも頑張ればきっと明るい明日がくると思って、この言葉に元気をもらいました。

そしてこれは誰にも言っていないことですが……あの歌姫三人さんが歌っていた故郷の合唱を聞いて、いつも少し泣きそうになっていた自分がいました。その理由は、自分の祖母が元気だった頃、大好きな歌でよく一緒に歌っていたことを毎回思い出していたからです。今は一緒には歌えないですが、自分にとってはいつまでも大切な歌であり、一緒に歌っている感じがしました。七月十九日は祖母の七回目の命日でした。そばにはいなくても、いつでも見守ってくれるそんな存在のような気がします。そしていろいろなことを思い出させてくれる夏祭りでもありました。

二〇一八年八月

愛犬

宮田　知子

我が家には、今年で七歳になる柴犬が一匹います。犬を飼って三匹目の犬です。人間に例えると四十四歳だそうです。働き盛りの成年ということです。

最初に飼った犬は柴犬のミックス犬で三年前に死んでしまいました。十六歳でしたが、人間に例えると八十歳くらいということです。まだまだ長生きをして欲しかったのですが老衰でした。この犬を通し、犬にも認知症があるのだと学びました。どこでも尿、便をしてしまいオムツをするようになり、徘徊をするようにもなりました。一日中、一晩中、ただ歩き回り、眠る時間も少なくなりました。目も良く見えず、耳も聞こえていないという感じでした。でも食欲はしっかりあり、他の犬の餌まで食べてしまっていました。最後は苦しまず眠るように逝きました。

後になり、あの犬は幸せだったのかな？　もっと何かやってやれることはなかったのかな？　もっと大切にしてやれば良かったかな？……いろいろと後悔することばかり頭を過ぎりました。だから今飼っている犬に万が一のことがあった時、後悔することのないように精一杯愛情を注ぎ飼っていきたいと思っています。

介護という仕事をしている今、この瞬間を精一杯、後悔せずにやっていきたいと思います。

人生100年――
何が幸せか

人は百四十四歳まで生きられる

人間は地球という自然の中から生まれてきていますので、自然の理論の中で生かされています。自然は、十二が基本でつくられています。一年は十二か月で構成され、一日は午前十二時間、午後十二時間で一日となっていて、十二支が一回りとなっています。一回りが十二年ですから、十二年が一回りすると、十二×十二で百四十四年となります。

世界の多くの国でいわれていることですが、では何故、人は百四十四歳までみんなが生きていないのか、ということになります。それは、生きるためのストレスだったり、そのストレスが原因の病気だったり、無理であったりが、命を削っています。医療や生活スタイル、食生活なども大きく影響しています。

これらのことが、すべてクリアされれば、人は自然の十二の理論で百四十四歳まで生きられるというのが、この考え方です。実際に世界では百二十歳くらいの長寿の人はいますので、いずれ到達する人が現れると思います。

問題は、健康で長寿・長生きすること、幸せと感じる人生を過ごすことです。つまらない人生ほど、つまらないことはありません。大変な時期、苦しい時期も、どこか楽しみながら、心にゆとりをもちながら人生を過ごしたいものです。

十年単位で人生を考えるよりも、十二年単位で人生を考えたほうが二年もゆとりをもって考えられます。十は二と五でしか割り切れませんが、二でも三でも四でも六でも割り切れますので、二年計画、三年計画、四年計画、六年計画と節目、節目の人生計画も立てやすくなります。人生の中で、上手に十二を味方につけることは、自然の流れを味方につけることになります。ゆとりの心も生まれます。

十二のリズムで生きることも、人生楽しく長生きできる大きなヒントです。

自由に生きる

自由に生きるために、一番大切なことは「自分のことは自分で決める自由」があることを認識することです。

昔の日本であったり、発展途上国であったりすると、自分のことを国や他人、社会が決めてしまうことがありますが、今の日本には、「自分のことは自分で決められる自由」があります。これは、人生百年、人生楽しむためにとっても大切なことです。人に迷惑をかけない、法律を犯さない限り、今の日本は自由に生きられます。

ただ人は、何をやっても自由という大海原に放り出されると、どうしていいのか分からなくなるものです。いつも何か、どこかに拠り所を求めているのが人間です。でもまったく自由なのです。いざとなると平凡な日々を送ることが幸せと感じる人もいるでしょう。思い切ってあれをやってみようと思う人もいるでしょう。いろいろです。一人ひとり違うのです。それが個性です。自由に生きるということは、意外と大変です。でもその大変さを楽しめるのも自由の良さです。ストレスも良性のストレスです。「人生楽しむのも楽じゃない！」とか言いながら自由な人生を満喫できれば最高の人生でしょう。

「自由に生きる」ことは「勝手気ままに生きる」こととはまったく違います。自由に生きることは、自分を高めて生きてゆくことです。自由は人を高めます。自由は、決して楽なことばかりではありません。自由は、自分だけではなく、周りの人も幸せな人生を送れる力をもっています。

自分の人生は自分でつくる

私は美術品関係の仕事もやっていて、二十年以上前から、タイへも頻繁に行っています。タイの象のエレファント・キャンプで、象に日本の桜や松、富士山の絵を教えて描いてもらっています。象は、とても頭の良い動物で、鼻で絵筆を持って器用に絵を描くことができます。これは象には、鏡映認知という鏡に映っているのは自分だと、認識する能力が、動物の中で唯一あるからです。私が行っているエレファント・キャンプでも七十二頭のうち十九頭の象が、絵を描くことができます。アジア象は昔から人間に近い存在で、タイやインド、アジアの多くの国では、古くから神としても崇められています。

絶滅危惧種に指定されてから、野性の象もいくつものエレファント・キャンプに集められ、保護されるようになりました。絵を描く象、サッカーをする象、材木を運び器用に積み上げる象など、人間社会と同じ様に個性はさまざまです。保護のお陰で獣医さんたちの努力もあり、今は象も九十歳以上長生きできるようになりました。ますます人間社会の縮図のようです。象も個性を生かし、楽しみながら生きてゆく時代なんだなあと思うと、不思議な気持ちになります。

そんなタイで、ある時、日系の大手企業の社長秘書兼通訳の男性が運転する車に乗る機会がありました。タイは昔から日本の友好国で、日本の皇室とタイの王室の交流も長く、タイ国民はみんな、日本びいき、日本大好きの国民性です。彼ももちろん日本大好き、日本語もとても上手で、日本へも何度も来ています。そんな彼は、年齢は六十歳半ばくらいなのですが、運転をしていると時折、突然「タイは自由だ！」と大声で叫びます。確かにタイは王国ですが、いろいろな規制も緩く、微笑みの国といわれています。タイでよく耳にする言葉がマイペンライといって、大丈夫、大丈夫とか、気にしない、気にしないとかの意味で、いろいろな所で、一日何十回と耳にします。彼が何で、「タイは自由だ」と叫んだのかは不明ですが、何ごともマイペンライ、大丈夫、気にしない、タイは自由だ！となると思わず、こんないい国はないな、と思ってしまいます。

最近の日本は、満ち足り過ぎているうえに、妙に自虐的に考え過ぎる風潮があります。日本は、一人ひとりが、もっと自由に個性豊かに生きられる環境が整っているいい国です。足りないのは、何ごとも大丈夫、気にしない、という大らかさです。何がいけないわけでも、誰がいけないわけでもない、これが国民性というものなのかもしれませんが、日本は時々、何か窮屈さを感じる時があります。

大丈夫、何も気にしないで、自由に自分らしい個性ある人生を楽しんで、満喫してください！

悔いのない人生

悔いのない人生といっても、私の人生もまだ終わっていないので、何が悔いなのか分かりませんが、たぶん、あの時ああしておけば良かったとか、あれをやっておけば良かったといったことのように思えます。もっとものようなことですが、後で思うことは、結果が出てから思うことですから、何とでも考えられますし、そうしなかったのは、その時にそれなりの考えがなかったからです。人生は、一寸先すらも見えるものではありません。

見方を変えれば、世の中の全ては、この一寸先も誰にも見えていないのに、いろいろな理論やデータ、予想、特にはカンなどで職業や世の中が成り立っているところがあります。占いや株取引、為替相場、新商品の開発・発売、保険や金融商品から、どっちの候補者がいいかという選挙や政治、きちんと勉強しないと将来困るぞという教育・学校など、先の確かなことなど誰にも見えていないのですが、きっとこうだ、たぶんこうだ、かなりの確率でこうだということを根拠に、不安と期待を煽りながら、世の中の多くのことが成り立っています。誰にも一寸先も見えていないのに、みんなで、たぶんそうだろうと、そっちの方向に動くから、そっちの方向に動いているだけのことなのです。

こうした世の中で、人は生きているわけですから、こういう世の中と一人ひとりの人生の幸せとはまったく別のものとして考えなければいけません。一人ひとりの幸せは、一人ひとりが感じればいいことですから、その時、その時で、精一杯考えて生きてきた積み重ねこそが尊いのであり、結果はどうあれ、それを幸せと感じる心さえもてば、悔いのある人生など誰にもあるはずがありません。次から次へと、いろいろなことが起こるのが世の中であり、人生ですから、一喜一憂することなく楽天的に考えて、幸せの中にいる自分を実感することが大切です。

自分らしく生きる人生

自分らしく自然に生きていますか。
自分の人生、主役は自分です。
自分の人生、一度きりです。
無理はしていませんか。我慢はしていませんか。
人生を楽しんでいますか。
こんな問い掛けがあったら何と答えましょう。
そんなこと考えて生きていません。
そのとおりに生きていますよ。
余計なお世話です。
考え方は、いろいろあっていいんじゃないですか。
そんなこと考える余裕ないです。

そんなふうに生きればいいですね。

現実はもっと厳しいでしょ。

どれもありそうな答えです。正解も不正解もありません。正解があるとすれば、自分の人生は、自分が決めればいい、でしょう。人生は自己責任です。他人のせい、世の中のせい、国のせいなどにしてみても、何も変わるものではありません。

変化を好む人と好まない人、年齢などで変化する時期と、あまり変化する要素がない時期、周りの何かによって変化する時、自分が原因で周りが変化する時などがあると思います。自分も世の中も、昨日と同じようでも、刻々と変化しているのです。

人生百年生きてみると、世の中の姿も、自分の姿も、それは、それは、大きく変わっています。少しずつの変化の積み重ねです。自分自身の変化を楽しむ人生が大切になります。周りの変化や世の中の変化は、自分の力だけではどうしようもないことですから、自分が良いと思ったこと、自分にあったことだけ取り入れればいい、ということになります。

人は、自分の顔も自分の全身の姿も、鏡でも見なければ見ることはできません。同じように、自分の目から自分のいる世の中を俯瞰的に見ることはできません。そんな中で、毎日生活をし、いろいろなことを決めながら生きているわけですから、いろいろなことが起きているわけです。いろいろなことが起きて当たり前です。何もない人生など、どこにもないわけですから、その時、その時を自分らしく判断して生きてゆくことです。その積み重ねが、自分らしく生きるということにもなります。

楽しい幸せな人生、何が楽しくて何が幸せかは、一人ひとり違うわけですから一概にはいえませんが、自分らしく生きている、生きたいと思うことは大切だと思います。人は誰でも生きた足跡が残るわけですから、地に足をしっかりつけて生きたいものです。

あとがき

りんご学園では、要支援の方から介護五の寝たきりの方までの介護をさせていただいております。年代は七十歳台から百歳台までと幅広いです。平均寿命が延びて、人生百年時代ということは、個人差が広がるということにもなります。介護は受けたくて受けている人はだれもいません。介護など受けない人生のほうがいいに決まっています。介護を受けず人生を全うする体づくりと心づくりは、とても大切なことです。

りんご学園では、介護に従事するスタッフスが、まずその手本となるべきだと考えています。介護は、するほうもされるほうも大変なことですから、現場のスタッフがその経験から、介護を受けることなく人生を全うできる体と心づくりと、毎日の過ごし方を実践しています。りんご学園の敷地内に、りんご村という施設を造り、働き方に対する考え方の変革、現役世代からの食生活、体づくりなどをできるようにしています。

カフェキッチン棟では、無料で昼食を提供しているので、出勤前の朝の忙しい時間帯を有効に使え、昼食をゆっくり楽しむことができます。食事を楽しむということは、人生にとって、とても大切なことです。さらに、食事をしながら会話も楽しめたら至福の時となるでしょう。食事同様に、味のある会話も身につけたいものです。

フィットネス棟も、いつでも自由に利用でき、いろいろな機器を使って体を鍛えることができます。体を動かし鍛えることは良いことだと思っていても、いざとなるとなかなか実践できないものですが、職場内にあることで、気軽に他の人も気にせず利用できます。若い時からの日々の体づくりは、歳をとってからの宝物です。

研修所ホールでは、音楽やカラオケを楽しむことができます。好きな音楽を聴くこと、好きな歌を唄うことは、心身のためにもとても良いことです。

こうした、食・体・感を通して、目標は体は六歳若く、知性は六歳上を、です。人生百年時代だからこそ、若い時から介護を受けることなく、人生を全うする体づくりと心づくりが必要です。介護に従事しているスタッフが、介護をする大変さ、介護を受ける辛さがわかっているわけですから、社会に広めていってもらいたいと思っています。

発表された数字ですと、二〇〇七年生まれの子どもたちは、二人に一人が百七歳まで生きるということです。まさに、人生百年時代の到来です。大切なのは、健康での人生百年です。医学、薬学などの発達などにより、人生百年時代は、ますます確かなものになってゆきます。その中で、どのように自分らしく生きていくか、人生の主役は自分自身なのですから、人生を最後まで自由に楽しんで、自分らしく生きられたなと思う人生が一番の幸せなのかもしれません。

介護現場スタッフからのメッセージ
人生100年 自由に自分らしく生きる。

2018年12月25日　初版第一刷発行

著　者　老人ホームりんご学園
会長　塚　田　俊　明
〒387－0007　千曲市屋代1165
E-mail：home@ringo-gakuen.co.jp

制　作　株式会社アサヒエージェンシー

発行所　信毎書籍出版センター
〒381－0037　長野市西和田1－30－3
TEL.026－243－2105

ISBN978-4-88411-159-5 C0077